Eine ERFOLGSGESCHICHTE im Elbe-Elster-Kreis

Vom Militärflugplatz zum Wirtschaftsstandort Lönnewitz

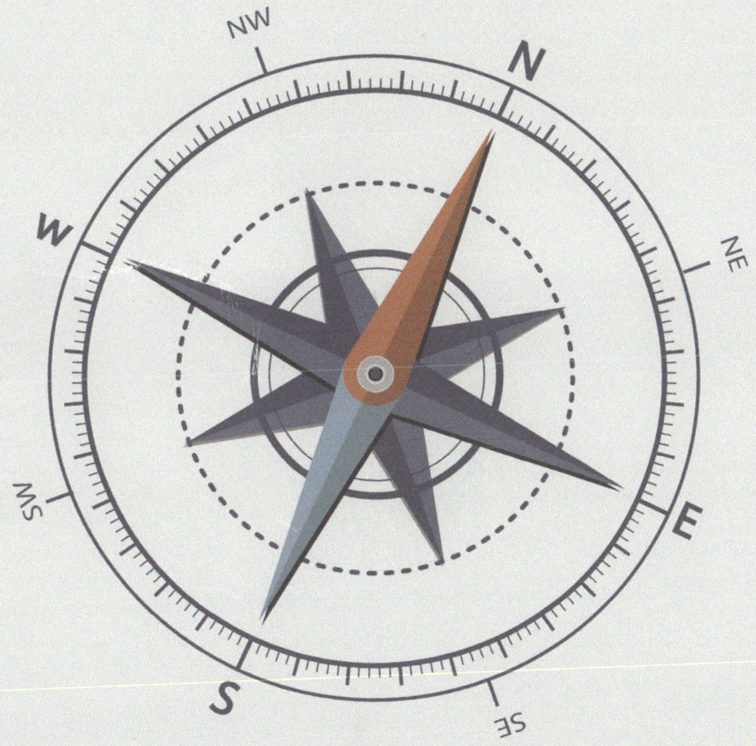

Text | Jana Männig

Herausgeber | uesa GmbH

Der uesa-Standort Lönnewitz, 2024
Produktions- und Lagerhallen, Werft, Photovoltaikanlagen und renaturierte Flächen

Grußworte

Liebe Leserinnen und Leser,

Brandenburg ändert sich und das war schon immer so.

Die vorliegende Chronik des ehemaligen Flugplatzes Lönnewitz zeigt beispielhaft, wie brachliegende Flächen der Nachwendejahre durch Unternehmergeist zu neuem Leben erwachten. Der Strukturwandel nach der politischen Wende 1989 war in Brandenburg nicht nur eine Folge des Wegbrechens der Braunkohle- und Schwerindustrie. Im Kleinen betraf er auch rund 100.000 Hektar ehemals militärisch genutzter Flächen.

Die uesa GmbH erwarb als mittelständisches Unternehmen der Energiebranche solche Konversionsflächen und nutzt sie mittlerweile für Produktions- und Lagerzwecke sowie für die Gewinnung von Solarenergie. Dass die gewünschte Energiewende ohne Erzeugnisse der Elektroindustrie keinen Erfolg haben kann, wird niemand bestreiten wollen. Deshalb sind Arbeitsplätze in der Branche sicher und treiben die regionale Weiterentwicklung voran. An diesem Fortschritt wird sich die uesa GmbH auch in Zukunft messen lassen.

Ich wünsche dem Unternehmen alles Gute und der Chronik eine interessierte Leserschaft.

Prof. Dr.-Ing. Jörg Steinbach

Minister für Wirtschaft, Arbeit und Energie
des Landes Brandenburg

LAND BRANDENBURG

Ministerium für Wirtschaft, Arbeit und Energie

Liebe Leserinnen und Leser,

mit großer Freude blicke ich auf die „Flugplatzchronik", welche in eindrucksvoller Weise zeigt, dass auch in den ländlichen Regionen Südbrandenburgs wirtschaftlicher Erfolg möglich ist. Es macht mich stolz zu sehen, dass Produkte aus dem Elbe-Elster-Kreis in die ganze Welt ausgeliefert werden. Mehr noch, mittelständischer Erfolg strahlt auf den gesamten Landkreis aus und zieht Menschen an. Ein stabiles Arbeitsumfeld mit Perspektiven für die einzelnen Mitarbeitenden bedeutet sichere Zukunftsaussichten für Familien, die eine lebenswerte Umwelt und belastbare Infrastruktur abseits der urbanen Zentren erwarten dürfen. Gemeinsam mit Unternehmen wie der uesa GmbH kann es uns gelingen, die Abwanderung nicht nur zu stoppen, sondern junge Familien in unsere Region zu holen. Gute Arbeitsbedingungen und ein wertschätzendes Klima schaffen dafür eine solide Voraussetzung. Diese finden sich bei der uesa GmbH am zentralen Standort in Uebigau sowie auf dem ehemaligen Flugplatzgelände in Lönnewitz.
Schauen Sie selbst, wie sich das Areal in den vergangenen Jahrzehnten verändert hat! Viel Freude beim Entdecken!

Christian Jaschinski

Landrat des Elbe-Elster-Kreises

Landkreis Elbe-Elster

Liebe Leserinnen und Leser,

als ehemaliger Staatssekretär für Wirtschaft des Landes Brandenburg und langjähriger Hauptgeschäftsführer der IHK Cottbus freue ich mich sehr über die vorliegende Chronik. Zeigt sie doch, dass ein starker Mittelstand in Brandenburg auch jenseits der Landeshauptstadt Potsdam entstehen und wachsen kann. Es ist die Kernaufgabe der Industrie- und Handelskammer Cottbus, ihre Mitgliedsunternehmen gerade in den berlinfernen Räumen mit einer Vielzahl von Angeboten zu unterstützen, damit auch dort ein wirtschaftlich erfolgreicher Mittelstand entsteht, der sich im Wettbewerb behaupten kann. Denn ein starker Mittelstand garantiert den Wohlstand einer Region und bedeutet umgekehrt eine starke IHK.
Das besondere Augenmerk liegt in Südbrandenburg selbstverständlich auf der wirtschaftlichen Regionalentwicklung und dem Ausbildungsbereich. Auch deshalb ist die IHK Cottbus in der ländlichen Region des Elbe-Elster-Kreises mit einem eigenen Regionalcenter präsent. Wenn junge Menschen hier eine berufliche Zukunft finden können, dann haben wir und die Unternehmen alles richtig gemacht.
Die uesa GmbH ist seit Jahrzehnten ein starker und anerkannter Ausbildungsbetrieb für den gesamten Arbeitsmarkt in der Region, aber besonders auch für die eigenen Standorte in Uebigau und Lönnewitz. Die Verantwortlichen der uesa GmbH haben frühzeitig erkannt, dass die Ausbildung junger Menschen die beste Strategie gegen den Fachkräftemangel ist.
Die überaus beeindruckende Entwicklung des ehemaligen Flugplatzgeländes zu einem starken Wirtschaftsstandort beschreibt der vorliegende Band.
Eine kurzweilige Lektüre wünscht

Dr. Wolfgang Krüger

IHK Cottbus

Mark Gorech
Sch.
Vw. Grassau
85,6
85,9
86,2
13
12
Flugplatz
Alt Lönnewitzer
Guts Forst
Großes Dickicht
86,1
87,0
87,1
Alt
Gut
Lönnewitz
Neu Lönnewitzer
Neu
37
38
39
40
36
35
34
1
2
3
4
5
7
8

Landkarte mit Ausschnitt vom Flugplatz Alt-Lönnewitz, 1952

Einführung

Mit der Eröffnung des Fliegerhorsts „Alt-Lönnewitz“ im Dezember 1936 und der Entwicklung des Standorts bis heute wurde in fast 90 Jahren brandenburgische Luftfahrtgeschichte geschrieben. Nach mehr als einem halben Jahrhundert militärischer Nutzung starten und landen hier seit 1998 nun ausschließlich zivile Flugzeuge von begeisterten Freizeitpiloten.

Von großer Bedeutung ist heute die neu entstandene Nutzung des großräumigen Flugplatzareals als Produktions-, Gewerbe- und Büroflächen. Mit der Ansiedlung der **uesa group** und der Firma Joh. Wacht GmbH Co. KG hat sich das Gelände in mehr als 20 Jahren zu einem florierenden Gewerbegebiet entwickelt, das auch zukünftig dynamisch wachsen wird und beispielgebend ist. Darüber hinaus bieten große Bereiche dieses Platzes beste Lebensbedingungen für eine Vielzahl von Pflanzen und Tieren. Maßnahmen zur Renaturierung durch die neuen Grundstückseigentümer trugen wesentlich dazu bei, dass sich in den letzten Jahrzehnten nach einer langen Zeit der Vernachlässigung wieder ein vielfältiges Biotop entwickeln konnte.

Einzug des Militärs in Lönnewitz

Generalluftinspektor und Kunstflieger Ernst Udet, 1936

Kunstflugweltmeister Otto Heinrich Graf von Hagenburg, 1936

Schon damals gründete sich die Entwicklung des Geländes auf Visionen und Pläne einzelner Persönlichkeiten, die ihre Mitmenschen dafür begeistern und gewinnen konnten. So auch in Lönnewitz.

In den 1920/30er Jahren waren es der Gutsbesitzer von Alt-Lönnewitz Haacke, ein ehemaliger Fliegeroffizier im Ersten Weltkrieg, und der damalige Kinobesitzer in Falkenberg Hüttenrauch, Oberleutnant der Reserve der Luftwaffe, der zusammen mit Reichsmarschall Göring in der Fliegerstaffel „Richthofen" gedient hatte. So war es naheliegend, dass sich Haacke als Fliegeroffizier und Hüttenrauch, der ehemalige Jagdflieger, für den Flugplatzbau an diesem Standort engagierten. Haacke stellte dafür große Flächen seines Gutsforstes zur Verfügung. Die verkehrsgünstige Lage mit Falkenberg als Eisenbahnknotenpunkt war zudem ausschlaggebend. Was zunächst mit einer 800 Meter langen Grasbahn für Sportflugzeuge begann, endete mit dem Bau eines Flugplatzes für die Wehrmacht, wozu die weitreichenden Beziehungen beider sicherlich beitrugen. Das Interesse an der Fliegerei war auch in der Bevölkerung groß und so fanden im September 1934 und 1936 erste Flugschauen mit Sportflugzeugen in Alt-Lönnewitz statt. An den Flugvorführungen nahmen damals Kunstflugakteure wie Ernst Udet, der auch Jagdflieger im Ersten Weltkrieg gewesen war, Otto Heinrich Graf von Hagenburg, der berühmte Kunstflugweltmeister und die bekannte Weltumfliegerin Elly Beinhorn teil und begeisterten das vielzählig erschienene Publikum.

Die bekannte Fliegerin Elly Beinhorn auf der Volksflugschau in Lönnewitz, 1936

Der Fliegerhorst „Alt-Lönnewitz“, Sitz der Fliegerübungsstelle der Luftwaffe, 1937

Seit der Machtergreifung der Nationalsozialisten 1933 wollten diese nicht nur die Vormachtstellung Deutschlands in Europa erringen, sondern Deutschland in den Status einer Weltmacht versetzen. So lief der deutsche Militarismus in dieser Zeit auf seinen zerstörerischen Höhepunkt zu. Heer, Marine und Luftwaffe befanden sich in einem Zustand wahnhafter Hochrüstung. Die Wehrmacht übernahm 1935 den Flugplatz zur Schaffung einer neuen deutschen Luftwaffe und baute ihn zum Fliegerhorst aus – eine Entwicklung, die das Schicksal des Platzes und der gesamten Region von nun an bestimmen würde. Am 9. Dezember 1936 wurde mit der Vereidigung der ersten Einheit der faschistischen Luftwaffe der Fliegerhorst „Alt-Lönnewitz" eröffnet. Man begann daraufhin, eine in ihren Dimensionen noch heute beeindruckende Werft zur Montage und Wartung von Flugzeugen sowie Flugzeughallen zu errichten, als auch die Start- und Landebahn zu verlängern. Daneben diente der Platz zwischen 1937 und 1944 als Standort einer Flugzeugführerschule der Luftwaffe und wurde für Testflüge neuer Flugzeugtypen genutzt. Der damals sehr bekannte Kunstflugmeister Rudolf Lochner war von 1937 bis 1938 als einer der Fliegerübungsstellenleiter in Alt-Lönnewitz eingesetzt.

Die Ausbildung an der Flugzeugführerschule FFS fand auf dem Flugplatz von 1937 bis 1944 statt

Im Verlauf des Zweiten Weltkrieges erfolgte ein umfangreicher Ausbau der Anlagen. So zogen Werksflug- und Flugerprobungsplatz der ARADO-Flugzeugwerke 1943 vom westfälischen Rheine nach Lönnewitz, um der näher rückenden Westfront auszuweichen. Wenig später begann die Endmontage der ersten düsenstrahlbetriebenen Bomber der Welt in einer eigens gesicherten Halle auf dem Gelände. Das weiterentwickelte Modell Ar 234B, des weltweit ersten Düsenbombers, wurde hier ab September 1944 von einer Werkstattkompanie endmontiert, ausgerüstet und erprobt. Dafür nutzte man die drei großen und drei mittleren Flugzeughangars und baute eigens dafür einen neuen Endmontagehangar südlich des Flugplatzes.

Für Falkenberg und Umgebung brachte der Flugplatzbau einen beachtlichen wirtschaftlichen Aufschwung. Man baute eine Vielzahl neuer Wohnungen und so entstanden daraus die Kleine und Große Fliegersiedlung.

Der Düsenbomber Ar 234B der ARADO-Flugzeugwerke

Luftaufnahme mit den ARADO-Hallen

Was als Privatvergnügen begann, hatte innerhalb von 20 Jahren enorme militärische Dimensionen angenommen. Auf dem Fliegerhorst „Alt-Lönnewitz" waren die 11. Staffel des Kampfgeschwaders 76 sowie verschiedene Einheiten der Luftwaffe während dieser Zeit stationiert. Außer den hier neu entwickelten Flugzeugen starteten und landeten auch erprobte Modelle anderer Hersteller wie beispielsweise die Ju F13 von Junkers, unten links im Bild, oder die Ju 352 Herkules, die rechts unten vor einem der Hangars in Lönnewitz zu sehen ist. Der Flugplatz zählte damals zu den modernsten des Dritten Reiches. Daher ist es nachvollziehbar, dass die ARADO-Halle nach Kriegsende als Reparationsleistung abgebaut und in die Sowjetunion transportiert wurde, um sie dort weiterzuverwenden.

Sowjetische Streitkräfte nutzten nach der Zerschlagung des Faschismus zwischen 1947 und 1993 den Standort, der von alliierten Bombardierungen im Krieg verschont geblieben war, mit sieben großen Flugzeughallen, einem Gleisanschluss und einer zwei Kilometer langen Startbahn. Die Sowjetarmee baute das Gelände zum Militärflugplatz Falkenberg für Jagd- und Schlachtfliegereinheiten der sowjetischen Luftstreitkräfte aus. Dazu gehörte auch die Schaffung einer tragfähigen Infrastruktur für die mehr als 500 zivilen Beschäftigten und deren Familien, für die ein Wohnpark und eine Polytechnische Oberschule entstanden sowie eine Busverbindung nach Falkenberg eingerichtet wurde, zumal auch deutsche Arbeitskräfte aus der Gegend auf dem Gelände tätig sein konnten. Ein Großteil der Ortslage von Alt-Lönnewitz war schon 1948 endgültig zum militärischen Sperrgebiet erklärt worden, und die bisher dort lebenden Personen mussten schon 1947 ihre Häuser räumen und wurden umgesiedelt.

Die Luftbildaufnahme zeigt den Zustand des Flugplatzgeländes in den 1970er Jahren

Tatjana Viktorowna Odinzowa war in den Jahren 1987 bis 1992 die stellvertretende Direktorin der Schule „Nr. 129“ der Gruppe der sowjetischen Streitkräfte in Deutschland (GSSD) auf dem Gelände der Garnison und unterrichtete dort die Fächer Chemie und Biologie. Sie erinnert sich …

„Zu meiner Zeit waren wir 30 Lehrkräfte und etwa 180 Schülerinnen und Schüler von der 1. bis zur 11. Klasse. Das Schulgebäude befand sich in der ehemaligen Kaserne für die Militärflieger der deutschen Wehrmacht. Wir unterrichteten in den früheren Schlafräumen der Mannschaften. Jeweils 15 Kinder oder Jugendliche lernten hier in angenehmer Atmosphäre und erhielten eine gute Bildung. Auf dem Schulgelände gab es sogar einen schönen kleinen Tierpark und wir beschulten zusätzlich auch die Schülerinnen und Schüler der 10. und 11. Klassen, die täglich mit dem Bus aus der Garnison Torgau zu uns kamen. Ich erinnere mich sehr gerne an die herzlichen Kontakte zur Schule in Uebigau. Dort entstanden bei gemeinsamen Veranstaltungen Freundschaften, die bis in die Gegenwart Bestand haben. In unserem Städtchen gab es auch einen Kindergarten. Einige Kinder besuchten auch die Einrichtungen in Falkenberg und lernten so nebenbei die deutsche Sprache.“

Diese Siedlung wurde für die Angehörigen der sowjetischen Streitkräfte und ihre Familien im Laufe der Jahre errichtet und verfiel nach dem Abzug 1993

In den Jahren des Kalten Krieges wurde der Flugplatz umfangreich erweitert und ausgebaut. So erfuhr die Flugzeugwerft in den 1950er Jahren eine Vergrößerung ihrer befestigten Betriebsflächen, und auf dem Flugplatzgelände kam es zur Errichtung einer Vorstartlinie sowie zur Erneuerung des Ringrollwegs. In den 1960er und 70er Jahren wurden nicht nur weitere Plattenbauten errichtet, sondern es entstanden überdies Munitionsbunker für Lenkwaffen außerhalb des Flugplatzes und vierzig Flugzeugunterstände in elf Metern Breite, die sogenannten Shelter. Als schließlich die Jagdflugzeuge MIG 29 hier starteten und landeten, begann man dafür 1988 zusätzlich noch weitere nun 16 Meter breite Shelter zu erbauen. Die Lärmbelästigung durch die Düsenjäger mit Überschallgeschwindigkeit erreichte ein bis dahin nicht gekanntes Ausmaß. Dabei waren die Menschen hier einiges gewohnt: Hubschrauber, Transportflugzeuge, Mittelstreckenbomber, Jagdbomber und sogar atomare Langstreckenbomber donnerten seit Jahren über ihre Köpfe hinweg. In Folge der politischen Veränderungen im Herbst 1989 konnten nur noch acht der geplanten 34 größeren Shelter fertiggestellt werden. Eine Sanierung der Flugbetriebsflächen begann man noch 1986 und erweiterte die Landebahn nach Westen auf ca. 4.000 Meter Länge.

Das Jagdflugzeug MIG 29

Kampfflugzeug MIG 23 im größer gebauten Shelter

Luftbildaufnahme, 1991

Das Gebäude der PGH Frequenz in Uebigau, 1963

Einer der deutschen Zivilisten, die während dieser Zeit ab und zu auf dem Gelände gearbeitet haben, war Rainer Kramer. Der heutige Geschäftsführer der uesa-Tochterfirma „Kramer & Plaček" war bis zur Wende Produktionsingenieur im damaligen Kreisbaubetrieb. Für notwendige Instandsetzungsarbeiten und Reparaturen mussten die zugeteilten Bilanzen, ein Begriff aus der sozialistischen Planwirtschaft, auf dem Gelände abgearbeitet werden. *„Wir hatten sämtliche Gewerke bei uns und haben dort gemauert, die Dächer der Hangars gedeckt, Fliesen gelegt oder gemalert"*, erinnert er sich und fährt fort: *„Die alten Gebäude waren im Prinzip nur notdürftig erhalten. Da gab es immer etwas zu tun, denn dort nagte der Zahn der Zeit."* Auch das Vorgängerunternehmen der uesa GmbH, die PGH Frequenz, war gefordert, wenn es Probleme mit den elektrischen Anlagen gab.
„Wir mussten uns im Auftrag der Energieversorgung mit dem sowjetischen Kommandanten in Verbindung setzen", erinnert sich Wolfgang Große und erzählt: *„Vor Ort haben wir dann abgeschätzt, wie groß der Reparaturaufwand sein wird, und nach einigen Verhandlungen fuhr am nächsten Tag ein ‚Russen-Lkw' auf unseren Hof und die Soldaten luden drei 200-Liter-Fässer mit Diesel ab. Das war unsere Bezahlung. Sprit war damals auch für Betriebe öfter knapp und damit konnten wir noch fahren, wenn das Kontingent am Monatsende aufgebraucht war."*
Wolfgang Große kam schon als Berufsschüler regelmäßig auf das Kasernengelände. In einer der größeren Hallen war ein Handballfeld auf den Boden gemalt und die Jugendlichen trafen sich mit den Soldaten zu Turnieren und mit den Offizieren zum anschließenden „Prazdnik", den Feierlichkeiten mit viel alkoholischem Umtrunk.

Ein Teil der Werft, der als Sporthalle genutzt wurde, 2004

Das Gelände war zwar nicht besonders gesichert und abgesperrt, aber man bekam Mannschaften und Vorgesetzte nur selten zu sehen. Eine Ausnahme bildeten die Tage, an denen die neuen Rekruten aus dem Osten anreisten und von Falkenberg nach Lönnewitz marschierten. Noch heute erinnern sich viele Menschen an die jungen Männer mit ihren geschorenen Köpfen und schweren Militärmänteln, begleitet von Offizieren, die kurze Befehle gaben.
Hin und wieder konnte man beim abendlichen Bier im Kasino, die „Goldene Kugel" genannt, den Truppenführern bei ihrem Streifengang begegnen. Bewaffnet kehrten sie ein – auf zwei oder drei „Sto Gramm", was 100 g Wodka bedeutet. Der Wirt wusste schon Bescheid und nach 10 Minuten setzten sie ihre Streife fort.
Während die Wehrpflichtigen in einfachen Kasernen auf dem Gelände untergebracht waren, lebten einige der Offiziere mit ihren Familien im sogenannten „Russischen Viertel" in Falkenberg in modernen Plattenbauten. Ihre Frauen waren im Stadtgebiet kaum zu übersehen.
„Auf dem Flugplatzgelände war auch ein Russenmagazin", erzählt Wolfgang Große. *„Dort gab es zuweilen Bananen oder Dorschleber und manche versuchten, durch den Zaun zu schlüpfen, aber das war schon nicht ganz ungefährlich. Wenn kein Offizier an der Wache stand, haben wir den Soldaten ein paar Mark in die Hand gedrückt und dann hieß es ‚dawaj, dawaj' (schnell, schnell), die 300 Meter zum Laden geflitzt. Einmal haben wir dort sogar einen mongolischen Teppich für die Schwiegermutter organisiert. Bis der aus dem Magazin raus, an der Wache vorbei und auf dem Dach vom Lada war, haben wir ganz schön geschwitzt"*, erzählt er lachend.
Auf Anordnung des sowjetischen Oberkommandos des Flugplatzes errichteten Rainer Kramer und seine Kollegen vom Kreisbaubetrieb in den 1980er Jahren einen modernen Ausweichkommandoturm, einen Behelfstower, auf dem Flugplatz. Diesen bauten die russischen Spezialkräfte 1993 ab und überführten ihn in ihre Heimat, wie so manch anderes, was sich damals mitnehmen ließ.

MIG 29 auf der Vorstartlinie mit Behelfstower im Hintergrund

Das Eingangstor zur Garnison mit Wachoffizier

Im Rahmen der Zwei-plus-vier-Verhandlungen, im Vorfeld der Wiedervereinigung, war der Abzug der sowjetischen Truppen, später WGT, bis Ende 1994 vereinbart worden. Fristgerecht verließ die russische Garnison das Gelände und das letzte Flugzeug, eine IL 76, startete im Juni 1993 in Richtung Sernograd.

Die abziehenden Truppen hatten so ziemlich alles mitgenommen, was einigermaßen brauchbar und beweglich war. Was zurückblieb, waren die Gebäudehüllen mit beeindruckenden Vorkriegsbetonstärken zwischen 50 und 100 Zentimetern auf einer Fläche, die nun im Besitz des Landes Brandenburg war.

Abzug der russischen Westgruppe der Truppen, WGT, vom Flugplatz Falkenberg, 1993

Die Weiternutzung des Flugplatzgeländes durch die Bundeswehr nach der Wiedervereinigung hätte eine Stärkung der strukturschwachen Region Südbrandenburgs bedeuten können. Für die Erweiterung des ehemaligen Offizierskasinos „Goldene Kugel“ mit Kegelbahn und Konferenzräumen reiften große Pläne und viele Beschäftigte aus dem Dienstleistungssektor machten sich Hoffnung. Die Immobilienpreise stiegen rasant, und in Uebigau entstand ein modernes Klärwerk, das für einen enormen Zuwachs an Bevölkerung ausgelegt war. Da sich der Bundeswehr mit den Flugplätzen in Holzdorf und Finsterwalde attraktivere Alternativen boten, zerschlugen sich jedoch die Pläne. Die meisten größeren Unternehmen Falkenbergs mussten Personal entlassen und viele jüngere Menschen zogen daraufhin fort.

„Da gab es regelrechte Euphorie und beste Stimmung.“

Wolfgang Große
späterer Geschäftsführer der uesa GmbH

Nach dem Truppenabzug und der Auflösung des militärischen Sperrgebiets blieb ein Gelände mit einer vier Kilometer langen Start- und Landebahn, einer Vielzahl mit Erde bedeckten Flugzeugunterstände, diversen Kasernengebäude und großen Flugzeughallen übrig.
Mitte der 1990er Jahre begann nun allmählich, auch mittels Förderprogrammen der Bundesregierung, auf dem Gelände des Flugplatzes ein Gewerbegebiet zu entstehen, und ein großer Teil der Grünflächen mit natürlichem Lebensraum für Pflanzen und Tiere wurde unter Naturschutz gestellt.

Zukünftige Halle 6 der uesa GmbH, Zustand Anfang 2000

Auf dem gesamten Gebiet der DDR befanden sich zum Zeitpunkt der Wiedervereinigung etwa 240.000 Hektar Land, das von den sowjetischen Truppen genutzt wurde. Derartige Liegenschaften, die für Bundeszwecke nicht mehr verwendbar waren, wie der Flugplatz, wurden in Brandenburg dem Land übertragen – insgesamt etwa 100.000 Hektar. Dies waren einerseits wertvolle innerstädtische Grundstücke, aber auch mit Umweltgiften belastete Flächen in strukturschwachen Regionen.

Umgang mit der Konversionsfläche

Man hatte eine 5,6 Quadratkilometer große Konversionsfläche zwischen Falkenberg und Lönnewitz, die teilweise kontaminiert war, und musste nun damit umgehen. Eine Wiedereingliederung in den Wirtschaftskreislauf schien mit der Ansiedlung von Entsorgungsfirmen auf den ersten Blick die einfachste Lösung zu sein. Doch während die Unternehmen tagsüber Hallen und Shelter noch illegal ohne Genehmigung mit Müll füllten und diesen auch nicht fachgerecht entsorgten, feierten junge Menschen nachts zwischen den besprayten Mauern wilde Partys. Die lange Rollbahn wurde für illegale Autorennen missbraucht. Gleichzeitig begann die Natur, sich Meter um Meter zurückzuerobern.

Die Belegschaft mit Helmut Hoffmann, links außen, 1974

Zur selben Zeit, Mitte der 1990er Jahre, wurde es im zehn Kilometer nordöstlich des alten Flugplatzes gelegenen Uebigau, in den Hallen und Werkstätten der uesa GmbH, immer enger. Das Unternehmen hatte sich aus der kleinen vor Ort ansässigen handwerklichen Produktionsgenossenschaft des Elektrohandwerks, der PGH Frequenz, seit der Verstaatlichung 1972 zu einem volkseigenen Betrieb entwickelt, dem es gelang, noch immer ein gewisses Maß an Eigenständigkeit zu behalten.

Die Erzeugnispalette des VEB Elektro- und Schaltanlagenbau wurde bis 1990 auf Konsumgüter erweitert und spezialisiert. Bestes Beispiel war das **Erfolgsprodukt „Gackelboy"**, ein Eierkochautomaten, der zu einem Verkaufsschlager wurde. Diese Flexibilität ermöglichte erst den Übergang in die Marktwirtschaft nach der Wende 1990. Bis dahin kamen Automatisierungstechnik für die Lebensmittelindustrie, Kabelverteilerfertigung, Gehäusebau und nicht zuletzt die Zusammenarbeit mit der Nationalen Volksarmee hinzu. Diese Entwicklungen stellten wichtige Weichen. Mit den Aufträgen für den Flugplatzausbau der NVA in der Umgebung betraten die Beschäftigten absolutes Neuland, aber die erfolgreiche Umsetzung gab ihrer Expertise recht. Mit den dafür zugeteilten Materialkontingenten konnte in besonderen Fällen auch ein weiterer Kunde, wie der staatliche Energieversorger, zeitnah versorgt werden. Daraus resultierte ein Gewinn für alle. Man hatte Material zur Verfügung, womit der Betrieb Umsatz erwirtschaften konnte, und die staatlichen Vorgesetzten waren mit der Planerfüllung zufrieden.

„Wir waren nie Amboss – sind immer Hammer geblieben."

Helmut Hoffmann
damaliger Betriebsdirektor des
VEB Elektro- und Schaltanlagenbau Uebigau

Es gab sogar ein Ferienheim in Allrode im Harz. Die Beschäftigten hatten es eigenhändig an ihren freien Wochenenden gebaut. Zuvor wurde ein Bauernhaus gekauft und in Ferienzimmer und Gemeinschaftsräume umgewandelt. Die Eintragungen ins Gästebuch belegen, wie gerne die Belegschaft mit ihren Familien dort immer wieder hinfuhr, um ihren Urlaub im schönen Harz zu verbringen.
Das stärkte den Zusammenhalt des Kollektivs. *„Wir haben uns auch nach der Verstaatlichung so verhalten, als ob uns alles noch gehört"*, bemerkt Helmut Hoffmann dazu. Unter diesen Umständen nahm der VEB fortan eine überaus solide Entwicklung. Den Start in die Marktwirtschaft problemlos zu vollziehen, war jedoch kein Selbstläufer, aber die erlernten Routinen, selbständige Entscheidungen zu treffen und kreative Lösungen zu finden, machten den Prozess einfacher.

Erste Kontakte zu westdeutschen Komponentenlieferanten für Kabelverteiler waren bald geknüpft, und schon nach der Frühjahrsmesse 1990 in Leipzig folgten Vertreter aus Uebigau einer Einladung nach Eltville zur EFEN GmbH und von dort aus weiter nach Köln zur Firma Vynckier Deutschland. *„Im Grunde war die Rechnung einfach"*, erklärt Helmut Hoffmann. *„EFEN hatte die Sicherungsleisten, Vynckier die Kabelverteilerschränke und wir, die uesa, die Kunden aus dem Osten. Deswegen taten wir uns zusammen."*

EFEN

Mit den ostdeutschen Energieversorgern blieben der neuen uesa GmbH dadurch wichtige Kunden erhalten. Diese gehörten nun zu den Energieversorgern RWE oder E.ON und mussten deren technische Parameter erfüllen. Mit der Firma uesa hatten sie einen verlässlichen Partner, der das Benötigte liefern konnte. Das Unternehmen florierte und benötigte bereits Mitte der 1990er Jahre eine Erweiterung der Produktionsstätten. Ein Großauftrag der Stadtwerke Rostock, die für E.ON die baltischen Staaten mit 40 Trafostationen aus Uebigau beliefern sollten, brachte die Fertigung an ihre Kapazitätsgrenzen.

Michael Hoffmann, der damals im Trafostationsbau beschäftigt war, erinnert sich: *„In die kleine Halle in Uebigau passten nur sechs Stationen, die anderen standen alle draußen und wir hatten trotzdem Platzprobleme. Manchmal war es wie verhext, dann brauchten wir genau die Station, die ganz hinten stand. Wir mussten mindestens zwei wieder rausfahren, um heranzukommen. Und das alles nur mit einem großen Stapler und ohne Hebetechnik!“* Der immer weiter steigenden Nachfrage wollte das Unternehmen gerecht werden, doch es fehlte an ausreichendem Platz.

Rainer Jäntsch und Helmut Hoffmann trafen in dieser Zeit auf einer Veranstaltung aufeinander. Jäntsch, aufgewachsen im Fluglärm der Militärmaschinen, war dennoch fasziniert vom Fliegen. Nach der Wende hatte er die Gelegenheit genutzt, im sächsischen Großenhain seinen Flugschein zu machen, und fuhr nun so oft wie möglich dorthin, um zu fliegen. Zwar hatte er einen Flugplatz vor der Haustür, aber dort gedieh mittlerweile das Unkraut auf der Rollbahn und aus den Sheltern quoll der Müll. Platz gab es allerdings genug. So waren beide sofort davon überzeugt, dass sich für ihre Belange eine Lösung finden ließe.

Eine ganz persönliche Geschichte verbindet im Übrigen den Geschäftsführer der uesa GmbH mit dem Flugplatz. Sein Patenonkel Willi Retzsch war dort zu Kriegszeiten als Elektroingenieur tätig. Schon als kleiner Junge wusste Hoffmann sehr genau, was er werden wollte: *„Das, was Onkel Willi macht.“* Dass er dies im weitesten Sinne nun sogar an dessen altem Arbeitsplatz umgesetzt hat, zeigt wohl, dass seine Eltern vor Jahrzehnten den richtigen Paten gewählt hatten. *„Wenn der Willi sehen könnte, was sich hier entwickelt hat. Der wäre bestimmt stolz“*, meint Helmut Hoffmann nachdenklich.

Onkel Willi, links im Bild, um 1940

■ *„Mit der uesa kam das industrielle Leben in Lönnewitz in Gang.“*

Rainer Kramer
Geschäftsführer des Bauunternehmens Kramer & Plaček

Kurz nach der Begegnung mit Rainer Jäntsch nahm Helmut Hoffmann seine engsten Mitarbeiterinnen und Mitarbeiter mit auf das Gelände. *„Ich habe gedacht, mein Gott, was will er denn jetzt hier?“* Petra Schäfer, die langjährige Personalleiterin der uesa, lacht, wenn sie heute daran denkt, und ergänzt: *„Ich bin wirklich beeindruckt, wie sich alles entwickelt hat!“*

Sie stiegen tatsächlich über Schutthaufen – damals gemeinsam mit ihrem Chef, spähten durch schmutzige Scheiben und versuchten, verzogene Türen zu öffnen. Hinter den Hallen fanden sie sich plötzlich im ehemaligen Militärgefängnis wieder, das von einem kleinen, eingezäunten Gelände umgeben war. In jeder der schmalen Zellen war eine Pritsche an der Wand hochgeklappt. Dort gab es nur ein winziges Fensterloch zum Luftholen, sonst nichts. An den Wänden hatten sich die armen Teufel, die hier einsitzen mussten, mit Zeichnungen und Inschriften verewigt. Zwischen den engen Mauern fühlten sich sämtliche Teilnehmenden dieser Erkundungstour auf eine Art bedrückt, die niemand von ihnen vergessen würde.

Ausreichend Platz war auf dem Gelände vorhanden, und mit Fantasie und Vorstellungsvermögen vermochte Helmut Hoffmann zu erkennen, was die Gebäude und Flächen unter dem Schutt verbargen. Wenn auch viele skeptisch waren, so vertrauten sie doch auf seine Intuition. *„Der Beton hatte gut überdauert“*, erinnert sich Wolfgang Große. *„Das war auch Beweggrund zu sagen, das packen wir schon!“* Die beiden Instandsetzungshallen mit je etwa 2.500 Quadratmetern, die auf den ersten Blick am geeignetsten erschienen, lagen darüber hinaus an der geplanten Gewerbegebietsstraße.

Der Zustand einer der Hallen zu Beginn der Sanierung

Die Liegenschaft war 1995 der Brandenburgischen Boden Gesellschaft zur Verwaltung und Verwertung übergeben worden, die gemeinsam mit den Kommunen Falkenberg und Mühlberg mit der Entwicklung einer etwa 74 Hektar großen Teilfläche begann. Die Kommunen waren entschlossen, die Ergebnisse der politischen Veränderungen als Chance zu sehen. Gemeinsam setzten sie im strukturschwachen Landkreis Elbe-Elster auf die Ansiedelung von Industrie und Gewerbe.

Die Halle der Fa. Joh. Wacht GmbH & Co. KG, 2023

Die uesa GmbH war die erste Firma, die 1996 einen Teil des Areals mit zwei Hallen von der Brandenburgischen Boden Gesellschaft für Grundstücksverwaltung und -verwertung mbH erwarb. Eine weitere baugleiche Halle sicherte sich die Fa. Joh. Wacht GmbH & Co. KG aus Konz-Könen bei Trier. Diese hatte um 1994 das ebenfalls aus der Trierer Gegend stammende Unternehmen werwie GmbH in Herzberg übernommen und war auf der Suche nach einem neuen Betriebsgelände. Niederlassungsleiter Detlef Knorrn und Helmut Hoffmann kannten sich aus gemeinsamen Bauprojekten und Letzterer holte sich mit der Fa. Wacht ein solides Unternehmen in die Nachbarschaft. *„Das passt. Die gehören quasi zur Familie"*, freut sich Hoffmann, und Andreas Leschke, der aktuelle Niederlassungsleiter, stimmt dem zu. *„Wir machen unter anderem die Tiefbauarbeiten für die uesa und wandern sozusagen im Schatten des Hallenbaus mit, machen Erschließung und Erdarbeiten und kümmern uns am Schluss um die Zufahrten und Plätze."*
Der wirtschaftliche Erfolg beider Unternehmen resultiert nicht zuletzt aus einem engen Vertrauensverhältnis. So stellt die Firma Wacht, wenn notwendig, Lagerflächen zur Verfügung, wenn es bei der uesa wieder einmal eng wird. Hilft mit Transportkapazitäten aus, und wenn es etwas zu feiern gibt, sitzt man an einem Tisch. *„Denn"*, so Leschke *„wir können uns in die Augen schauen."* Andreas Leschke, seine Sekretärin, ein Techniker und drei weitere Angestellte der inzwischen angegliederten MONTRA Bau- und Dienstleistungs GmbH arbeiten heute in den beiden modernen Bürotrakten im Giebel der Halle. Diese dient als Lager- und Unterstellplatz für die Maschinen des Bauunternehmens.

Für den notwendigen Rückbau und die Erschließung hatte das Land Brandenburg seinerzeit etwa 320.000 Euro Fördermittel vom Bund akquirieren können. Die tatsächlichen Kosten für die Altlastenbeseitigung, die Kampfmittelberäumung, den Abbruch und die anschließende Vermarktung lagen bei **1,75 Millionen Euro**.

Im November 1996 übernahm die uesa GmbH die kleineren **Hallen 1 und 2**, nachdem weitere Interessenten abgesprungen waren. In den Kauf und die Erneuerung der Gebäude investierte das Unternehmen bis 1998 etwa **2,3 Millionen Euro**.

Lageplan vom Flugplatzgelände Lönnewitz mit den **Hallen 1 und 2** der uesa GmbH, 1998

Auf ein Wort mit **Volkmar Marth**

Herr Marth, Sie waren Gesellschafter der uesa GmbH und Bereichsleiter des Elektroanlagenbaus. Was war Ihr Eindruck vom Gelände?
Das sah auf den ersten Blick alles sehr wüst aus. Nicht die Sowjetarmee hatte das so hinterlassen, sondern die Müllentsorgungsfirmen, die danach kamen. Aber ich hatte bei der uesa schon so viel gemacht in Holzdorf, in Laage oder auch in Peenemünde. Da war ich einiges gewohnt.
Womit haben Sie begonnen?
Wir mussten erst einmal zusehen, dass wir überhaupt überall Strom hatten. Es war ja alles herausgerissen, aber wir brauchten ja zumindest eine provisorische Beleuchtung, damit wir in den Hallen etwas sehen konnten, wenn es draußen dunkel war. Mit unserer damaligen Technik war es gar nicht so einfach, Löcher in den starken Beton zu bekommen, um die Kabel durchzuführen. Die Hallen waren Baujahr 1943. Das war eine große Herausforderung. Dann mussten viele Anbauten abgerissen werden, für die es keine Verwendung gab, und der vorhandene Müll musste vom Gelände geschafft werden.
Hatten Sie nie Zweifel daran, ob diese Standortwahl die richtige Entscheidung war?
Das habe ich nicht verbissen gesehen. Gekauft war gekauft und wir haben das Beste daraus gemacht. So hat sich nach und nach alles entwickelt.

„Wenn ich an Lönnewitz denke, dann erinnere ich mich an das Gießen der ersten Betonkörper. Das war ja völliges Neuland für uns“, erzählt Gerhard Dickert. Der langjährige Mitarbeiter der uesa GmbH hatte wesentlichen Anteil am Aufbau des Bereichs Trafostationsbau sowie an der Internationalisierung des Unternehmens in Richtung Polen und Mongolei. *„Was mich darüber hinaus mit dem Standort Lönnewitz verbindet, ist die Fliegerei“*, erzählt er begeistert. *„Meine Pilotenlizenz habe ich 2003 gemacht, darauf bin ich sehr stolz, wenn ich auch inzwischen nicht mehr fliege.“* Heute ist Gerhard Dickert Vorsitzender des Beirats der uesa GmbH. In dieser Funktion sind er und die übrigen Mitglieder ein wichtiges Beratungs- und Kontrollorgan für die Entscheidungen der Geschäftsführung und eng in alle Entwicklungen eingebunden.

Helmut Hoffmann mit Detlef Knorrn (li.) und Jürgen Kurth vor Halle 2, 1998

■ *„Ein ausgewiesenes Industriegebiet bot sich für die Umsetzung großer Pläne an.“*

Herold Quick
Bürgermeister der Verbandsgemeinde Liebenwerda bis 2023

So unwirklich das Gelände auch wirkte, es war für eine Erweiterung der Produktion ideal. Logistisch gut zu erreichen und mit ausreichendem Platz für die großen Trafostationen, deren Ausbau hier so schnell wie möglich stattfinden sollte. Zügig begannen die Bauarbeiten an der ersten Halle. Die Baufirma Kramer & Plaček hatte 1996 den ersten Bauantrag gestellt und damit angefangen, den Fußboden zu sanieren. *„Als wir gerade das Tor herausgerissen hatten und versuchten, ein Stück zuzumauern, fuhren die Beamten aus dem Bauamt vor und versiegelten die Halle“*, erinnert sich Rainer Kramer. Der Bau wurde aus Gründen des Denkmalschutzes gestoppt. Die Geschwindigkeit, in der Helmut Hoffmann seine Pläne umsetzte, verunsicherte damals die Behörde.

Das ist heute ganz anders, bestätigt Frank George, der Amtsleiter im Amt für Bauaufsicht, Umwelt- und Denkmalschutz in Herzberg. Und er kennt Hoffmanns Erfolgsrezept: *„Er hat eine Idee, ruft uns an und fragt: Wie kommen wir gemeinsam zum Ziel? Wir haben die Möglichkeit, uns frühzeitig einzubringen und die neuen Projekte können sehr kurzfristig starten. Für diese hervorragende Zusammenarbeit bin ich wirklich sehr dankbar.“*

Der Ausbau ging 1996 voran und schon bald zog Fertigungsleiter Stefan Schneider mit nur wenigen Kollegen in die erste Halle ein, in der von nun an Trafostationen ausgebaut werden sollten. Ausreichend Platz und Stromleitungen waren vorhanden, Telefon- und Internetanschluss sollten allerdings noch für viele Jahre unmöglich sein. So blieb der Standort in den ersten 20 Jahren reine Fertigungsstätte mit lediglich einem Meisterbüro.

Die erste der uesa-Hallen für den Trafostationsbau, 2023

Damals hatte die uesa GmbH das Land und die beiden ehemaligen Flugzeugreparaturhallen zwar kaufen können, ein Baurecht bestand deswegen aber nicht, denn ein Bebauungsplan lag nicht vor. Die Kommunikation mit der Behörde war schwierig und voller Missverständnisse. Jede Seite sah sich im Recht und es kostete allen Beteiligten Kraft und Nerven, aber Helmut Hoffmann gelang es, dass trotz scharfer Wortgefechte eine Annährung möglich war. Es ging schließlich um eine Investition in die Zukunft einer strukturschwachen Region, und dass Hoffmann mehr als nur die festgeschriebenen fünf Arbeitsplätze schaffen würde, stand für ihn immer fest.

Ausbau einer Trafostation, 2023

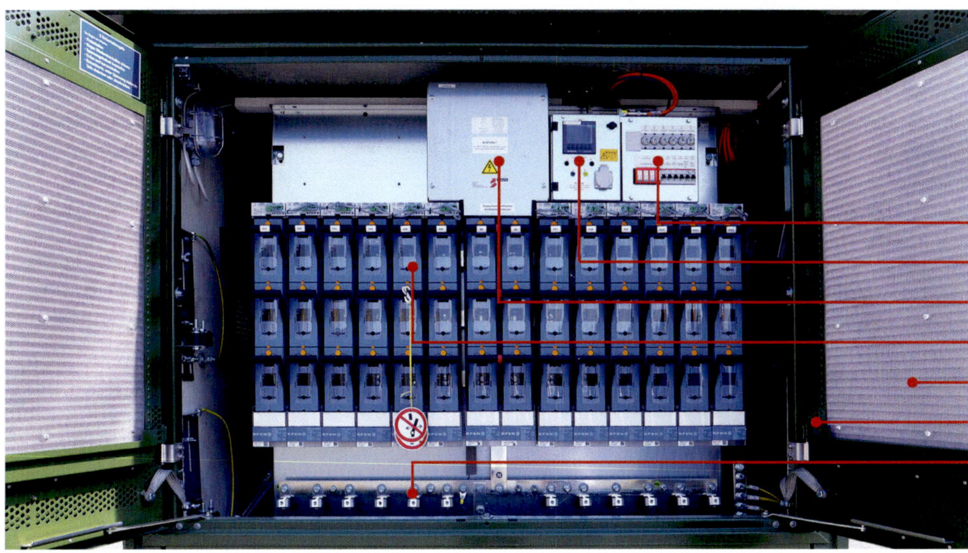

Betonkörper uesa GmbH

Niederspannungsverteilung uesa GmbH

Grundplatte und Abdeckungen uemet GmbH

Q/U-Schutzschrank uesa GmbH

Sicherungs- und Lastschaltleisten EFEN GmbH

Lüftungsgitter uemet GmbH

Türen uemet GmbH

Isolatoren und Sammelschienen metec GmbH

Montage der Komponenten uesa GmbH

In den ersten zehn Jahren bis 2005 erfolgte eine stabile Fertigung von jährlich 350 bis 450 Stationen, vorrangig für Energieversorgungsunternehmen. Daneben entstanden seit 2002 viele individuelle Kundenstationen mit hohem Montageaufwand. Die folgende Dekade bis 2015 war geprägt von großen Schwankungen, begründet in der allgemeinen Wirtschaftslage, vor allem aber wegen des „Solar-Booms" seit 2009. Inzwischen blickt das Unternehmen zufrieden auf eine kontinuierliche Zunahme der Auslieferungen von Stationen, die infolge des Ausbaus der Energienetze wieder in bedeutendem Maße an die Energieversorger gehen. Dabei ist entscheidend, dass die Mehrzahl der Stationen nach den Wünschen der Kundschaft gefertigt werden.

„Die Sanitärräume wurden als Erstes fertiggestellt und einen kleinen Pausenraum zum Kaffeekochen hatten wir auch", erzählt Stefan Schneider. Beides musste den bald 15 Beschäftigten in den ersten Jahren genügen und machte das Arbeiten an diesem Standort nicht leicht. *„Niemand wollte nach Lönnewitz"*, weiß Rainer Kramer. *„Dort war der Hund begraben!"* Den älteren Kollegen, die in Uebigau alles mit Helmut Hoffmann aufgebaut hatten, fiel der Umzug schwer, nicht zuletzt wegen des guten Kantinenessens.

Hoffmann setzte seine Pläne dennoch weiter konsequent um. 1998 entstand die Gewerbegebietsstraße, und bald schon begann der Ausbau der zweiten Halle für die Kabelverteilerherstellung neben der Trafostationshalle.

Der uesa-Standort Lönnewitz entwickelte sich Schritt für Schritt weiter. Für die Kranbahnen konnten vorhandene Einrichtungen weitergenutzt werden, aber wenn eine Blechschere gebraucht wurde, musste man nach Uebigau. In enger Abstimmung mit Werner Hoffmann, dem Bereichsleiter für die Niederspannungsverteilung im Stammwerk, erfolgten Materiallieferungen per Lkw nach Lönnewitz, die Weiterentwicklung der Produkte und der stetige Ausbau des Standortes.

Die **Halle 2** für die Montage von Kabelverteilern, ca. 2001

Bis 2008 stieg der Bedarf an Produktionsflächen kontinuierlich an und die uesa GmbH erwarb ein zwei Hektar großes Nachbargrundstück und eine weitere dritte Halle.

Lageplan vom Flugplatzgelände Lönnewitz mit neu erworbener **Halle 3**, 2008

Eine eigene Betonkörperfertigung begann hier wenig später in einer Art Serienproduktion. Schon seit den 1990er Jahren hatte es Bestrebungen gegeben, die Abhängigkeit von den Zulieferungen der Betonwerke aufzubrechen und eigene Betongehäuse zu entwickeln. *„Was haben wir uns damals mit den ersten Formen gequält“*, erinnert sich Helmut Hoffmann lachend. *„Das hat wirklich eine Weile gedauert, bis wir es hinbekamen.“* Mit dem Typ KS 19/28 erfanden die Ingenieure der uesa GmbH ihr erstes Betongehäuse, das serienmäßig hergestellt werden konnte. Dafür reichte am Standort Uebigau der Platz jedoch nicht aus. Hingegen am Standort Lönnewitz – in der neuen Halle 3 konnten nun jährlich etwa 100 Rohlinge der Typen KS 19/28 und KS 240/310 hergestellt werden. Darüber hinaus eigneten sich das Dach der Hallen und die zugehörigen Flächen für die Überbauung mit Photovoltaikanlagen. Diese Investition hatte einen Umfang von etwa 400.000 Euro.

Etwa 2012 wurde es in der ersten Halle für den Bau der Trafostationen bereits wieder zu eng. Die Kabelverteilerherstellung ging aus Halle 2 zurück ins Stammwerk und die zweite Halle wurde nun ebenfalls zur Stationsbauhalle ausgebaut. Zwischen beiden Hallen entstand im Mai 2023 eine neue Betonkörperfertigungshalle, wodurch sich die Kapazität im Stationsbau verdoppelte. *„Die Zweifel am Standort haben sich längst verloren“*, so Wolfgang Große.

Die moderne **Betonkörperfertigung**, 2023

Einen guten Grund zum Feiern gab es, nachdem die erste Halle Ende der 1990er Jahre fertiggestellt war, und eine hervorragende Location eben auch. Zwar musste das Trinkwasser in Containern herangeholt werden und auch die Toiletten hatten noch nicht den erwünschten Komfort, aber gefeiert wurde. Die Organisation der Feierlichkeiten fiel, wie vieles andere damals auch, in den Zuständigkeitsbereich der Personalleiterin Petra Schäfer, die sich lachend erinnert: *„In den 1990er Jahren war Catering noch gar kein Thema! Wir haben wirklich alles selbst gemacht: Stühle, Tische, Getränke und Speisen organisiert, bedient und hinterher wieder aufgeräumt. Drei Kreuze habe ich jedes Mal gemacht, wenn es vorbei war, aber es war toll!"* Denn wo konnte man ungestörter feiern als auf dem weitläufigen Gelände. Grund genug, jede weitere neue Halle gebührend einzuweihen. Und eine willkommene Gelegenheit, auch runde Geburtstage des Geschäftsführers und Firmenjubiläen in großer Runde gemeinsam zu begehen.

Die jährlichen Betriebsvergnügen liegen heute zeitlich immer dicht am Flugplatzfest, schließlich wird inzwischen in allen Hallen gearbeitet und für die Feiern braucht es das große Festzelt. Lachend erinnert sich Wolfgang Große an die Betriebsfeierlichkeiten der 1970er Jahre: *„Damals war der Saal in der Schmerkendorfer Gaststätte viel zu groß für uns. Wir banden Birkenreisig an die Säulen, damit es ein wenig voller wirkte. Sonst hätten wir uns sehr verloren gefühlt."*

„Es ist immer alles aufgegangen."

Petra Schäfer
ehemalige Personalleiterin der uesa GmbH

„10 Jahre" **uesa** GmbH wurden mit der Belegschaft gebührend gefeiert, 2000

Auf ein Wort mit **Petra Schäfer**

Frau Schäfer, welche Aufgaben hatten Sie als Personalleiterin auf dem neuen Gelände am Flugplatz?

Am Anfang sind wir ganz schön in den Kinderschuhen rumgewackelt. (lacht) Ich musste alles machen, was auch am Standort in Uebigau meine Aufgaben waren. Nicht nur die Feiern vorbereiten und mich um alles kümmern, was das Personal betraf. Ich war für die Pausenversorgung verantwortlich, für die Organisation der Reinigung, für die Zusammenarbeit mit der Berufsgenossenschaft, mit dem Betriebsarzt und der Sicherheitsfirma sowie für die Außenwirkung des Unternehmens und und und ... Außerdem war ich für sämtliche Schlüssel der uesa zuständig. Glücklicherweise gab es bald zusätzliches Personal, das mich unterstützte, mir Arbeiten abnahm und sich beispielsweise um die Werkstattausrüstung kümmerte.

Wenn Sie heute die Entwicklung auf dem Gelände sehen ...

Ganz ehrlich: Wenn ich das Gelände heute sehe, bin ich überwältigt! Uns standen manchmal die Haare zu Berge, wenn wir von Helmut Hoffmanns nächsten Plänen hörten. Das ist ja ein Prozess, den alle mittragen müssen. Aber schauen Sie sich das an, es ist alles immer aufgegangen, er ist eben ein Macher!

Diesen Satz hört man immer wieder im Zusammenhang mit Hoffmann und dem Flugplatzgelände. So auch von Rainer Jäntsch, dem heutigen Vereinsvorsitzenden des Fliegerclubs Falkenberg e.V. „Die Falken".
Aus einer zufälligen Begegnung und dem gemeinsamen Interesse am Flugplatzareal entwickelte sich eine intensive Zusammenarbeit, die nach der Gründung des Vereins die Nutzung eines Teils des Geländes für den Flugsport möglich machte. Dafür hatte die uesa GmbH 1996 einen Bereich des Flugplatzes mit einer Fläche von 500.000 Quadratmetern erworben. Helmut Hoffmann wurde als Geschäftsführer nicht nur Vereinsmitglied. Er erlernte das Fliegen, und das Unternehmen unterstützte als Platzeigentümerin aktiv die Aufräum- und Sanierungsarbeiten an der Rollbahn und den Hangars. Die Erhaltung der Piste war allen Beteiligten ein besonderes Anliegen. Anfänglich konnte sie auf 1.200 Meter verkürzt werden, was zur Flächenentsiegelung beitrug. Statt weiterer Recyclingfirmen mit weithin sichtbaren Müllhalden dominierten nun emsige Flugbegeisterte das Gelände.
Im Mai 1998 startete dank einer Sondergenehmigung, nach Jahrzehnten militärischer Nutzung, wieder ein ziviles Flugzeug von Lönnewitz. Ein historischer Tag, an den alle Beteiligten gern zurückdenken.

Fliegerclub Falkenberg stellt sich auch vor

Lönnewitz. Es war der 22. Mai 1998.

Das erste Mal landen seit mehr als 65 Jahren militärischer Nutzung wieder zivile Fluggeräte auf dem Platz. Detlef Paul mit seinem Ultraleichtflugzeug bleibt es vorbehalten, in die Geschichte einzugehen. Er setzte als Erster auf dem Rollfeld, wo einst u.a. MIG-29-Jagdflugzeuge starteten, auf.
Am Wochenende stellt sich der Fliegerclub, dem mittlerweile 17 Piloten angehören, vor.

Lausitzer Rundschau

Die Mitglieder des Fliegerclubs heute auf dem Flugplatz in Lönnewitz

Schon in DDR-Zeiten hatte der Vorgänger der uesa GmbH, wie erwähnt, einen engen Bezug zu Militärflugplätzen. In den 1970er Jahren kümmerten sich die Ingenieure des damaligen VEB Elektro- und Schaltanlagenbau Uebigau um die Errichtung der Infrastruktur für Elektroanlagen und anderer technischer Anlagen auf den Flugplätzen der NVA. Helmut Hoffmann erkannte das Potenzial des Lönnewitzer Platzes, blieb aber dennoch offen für alternative Nutzungsmöglichkeiten. Für einen zunächst angedachten Erlebnis- oder Vogelpark fehlte es in dem gering besiedelten Landstrich an ausreichender Kundschaft. Die Wiederbelebung des Flugplatzes schien jedoch ein geeignetes Projekt zu sein, die Menschen der Region zu verbinden und zu begeistern.

Seit Juni 2000 besaß der östliche Teil des ehemaligen Flugplatzes befristet den Status eines Sonderlandeplatzes der uesa GmbH, der ausdrücklich nicht nur dem Werk- und Geschäftsreiseverkehr von uesa diente, sondern auch den Unternehmen, die im angrenzenden Gewerbegebiet ansässig sind, wie man dem Exposee der Brandenburgischen Boden Gesellschaft entnehmen kann. Ein Ingenieurbüro hatte im Auftrag der uesa über zwei Jahre das Genehmigungsverfahren bei der Oberen Luftfahrtbehörde begleitet, denn *„… alles, was sich dort befindet, hängt automatisch mit uns zusammen, denn der Platz gehört zu 100 Prozent uns“*, erklärt Helmut Hoffmann und fährt fort: *„Ich wollte einerseits den Platz nicht verkommen lassen und andererseits sah ich, dass die Historie des Territoriums ganz eng mit dem Flugplatz zusammenhängt. Viele Familien der Region verbinden mit ihm eine Geschichte. Da sah ich mich in der Verantwortung.“* Im Jahr 2015 waren endlich alle notwendigen Voraussetzungen gegeben und man erteilte der uesa GmbH die behördliche Genehmigung, das Flugfeld als unbefristeten Sonderlandeplatz zu nutzen.

Helmut Hoffmann und seine Cessna 182
mit **Michael Hoffmann** am Shelter 5, 2024

Zivile Nutzung des Flugplatzes

Ausschließlich ehrenamtlich kümmern sich die Vereinsmitglieder um Fragen der Flugleitung und Flugsicherung, aber auch um die Instandhaltung und Sicherheit der gesamten Anlage. Ohne dieses Engagement und vor allem den persönlichen Einsatz, die Ideen und die Unterstützung durch Helmut Hoffmann wäre ein Betreiben des Flugplatzes unmöglich.

Frank George vom Amt für Bauaufsicht, Umwelt- und Denkmalschutz in Herzberg sieht die Entwicklung des Flugplatzareals auch deshalb als Erfolgsgeschichte, weil er so dem Flugsport erhalten blieb und damit dieser Teil der Regionalhistorie mit rein ziviler Ausrichtung weiterlebt.

Das Vereinsgebäude des Fliegerclubs, 2024

Helmut Hoffmann im Cockpit seiner Cessna 182, 2024

Helmut Hoffmann fliegt hin und wieder selbst und ist Ehrenmitglied des Fliegerclubs, wie auch **Viktor Michailowitsch Afanasiev**, der Mitte der 1970er Jahre als Pilot der sowjetischen Luftstreitkräfte in der DDR diente und in Lönnewitz stationiert war. *„Es muss im Jahr 2000 gewesen sein. Wir hatten einen Arbeitseinsatz auf dem Flugplatzgelände"*, erzählt Rainer Jäntsch, *„da kam er mit seiner Dolmetscherin, einer Professorin, angefahren, stieg aus dem Wagen und stellte sich als Kosmonaut vor. Wir haben gedacht, das kann ja jeder sagen. Aber es stimmte!"* Afanasiev wurde in den 1980er Jahren tatsächlich zum Kosmonauten ausgebildet und flog 1990 erstmalig als Kommandant der Sojus TM-11 ins Weltall. 1994 hielt er sich für sechs Monate auf der sowjetischen Raumstation Mir auf. Jäntsch lud ihn an diesem Tag ein, mitzufliegen, und obwohl Afanasiev sich gerade in der Vorbereitungsphase für seinen nächsten Aufenthalt auf der internationalen Raumstation ISS befand, saß er, schneller als man sich versehen konnte, im Flugzeug.

Viktor Afanasiev, Mitte, mit seiner Raumfahrercrew auf der ISS, 2001

Der ehemalige Militärpilot hatte als junger Mann mit seiner Familie hier gewohnt und interessierte sich für die Entwicklung „seines" ehemaligen Flugplatzes. Wenige Tage später führte ihn Helmut Hoffmann über das Gelände. *„Seine Erfahrungen und Schilderungen waren hochinteressant und er staunte natürlich auch, was sich inzwischen verändert hatte"*, erinnert sich Hoffmann. Aus dieser Begegnung entwickelte sich eine enge Freundschaft und Beziehung zum Fliegerclub, zur uesa und zu den Menschen in der Region. Auf Einladung des Unternehmens reiste der pensionierte Kosmonaut nun regelmäßig in den Elbe-Elster-Kreis, besuchte den Fliegerclub, hielt Vorträge im Oberstufenzentrum, erzählte bildhaft von seinen Erlebnissen auf den Raumstationen Mir und ISS und rief die jungen Menschen dazu auf, den Frieden zu schützen. Wo immer Afanasiev erschien, kamen die Menschen zahlreich und hörten ihm begeistert zu.

Vor wenigen Jahren organisierte Helmut Hoffmann ein „Treffen der Ehemaligen" des Flugplatzes und viele von ihnen kamen. Die Männer hatten sich 25 Jahre nicht gesehen. Die hochdekorierten Militärs, ob Russen oder Ukrainer, wollten sich viel erzählen. *„Wir hatten ein paar tolle Tage mit viel Hurra-Hurra-Hurra"*, erzählt Helmut Hoffmann, erinnert sich an bewegende Gespräche und Gesten. Gern nutzte der uesa-Geschäftsführer auch die Gelegenheit einer Geschäftsreise, um seinen Freund im Sternenstädtchen Swjosdny Gorodok in Russland zu besuchen und unterstützte ihn darüber hinaus in vielfältiger Weise. Diese Verbundenheit wird in Zukunft auch weiter bestehen.

Von rechts nach links: Helmut Hoffmann, Viktor Afanasiev, Wally Groß und Rainer Kramer sowie weitere Mitglieder des Fliegerclubs

Auf ein Wort mit **Wally Groß**

Sie kamen 1972 als junge Russischlehrerin nach Uebigau. Wie war der Kontakt zwischen den Soldaten und Offizieren der Garnison und den Menschen der Region?

Hier muss man unterscheiden zwischen einfachen Soldaten und den Vorgesetzten. Wenn unsere Schule Soldaten zu Veranstaltungen einlud, gab es kurz vorher immer Alarm und das Treffen zerschlug sich. Diese Kontakte waren offenbar nicht gewollt. Anders war das bei den Offizieren. Die Gesellschaft für Deutsch-Sowjetische Freundschaft organisierte regelmäßige Exkursionen und ich fuhr als Dolmetscherin mit den sowjetischen Familien nach Dresden, Berlin oder Potsdam. Ich trat an die Garnisonsschule heran und konnte so in persönlichen Gesprächen mit Lehrkräften Verbindungen herstellen und die Türen für gemeinsame Feiern zum Frauentag auf dem Gelände öffnen, für die Aufnahmeveranstaltung in die Pionierorganisation und andere Zusammentreffen zwischen Kindern und Jugendlichen. Es hat also durchaus Kontakte gegeben!

Es gab ja auch eine Schule auf dem Flugplatzareal.

Ja, in dem Bau aus den 1930er Jahren wurden mehr als 150 sowjetische Schülerinnen und Schüler unterrichtet, auch aus der Torgauer Garnison. Das Gebäude stand parallel zur Rollbahn, und wenn ein Flugzeug startete, dann war für mehrere Minuten an Unterricht nicht zu denken. Ich habe dort hospitiert und das hautnah erlebt.

Begegnung sowjetischer und deutscher Schülerinnen und Schüler in Uebigau

Wie kann man sich das zivile Leben auf dem Gelände vorstellen?
Dort befand sich im Grunde genommen eine ganze Stadt mit zahlreichen Plattenbauten für Offiziersfamilien und der nötigen Infrastruktur. Der Schornstein, den man heute noch sehen kann, gehörte zum Heizhaus, rundherum standen die Wohnblocks. Und es gab sogar einen kleinen Tierpark mit Rehen und Hirschen.
Einige Vorgesetzte lebten mit ihren Familien auch in Falkenberg. Dort gab es in dieser Zeit zwei Pelzläden, die haben ausschließlich von den Offiziersfrauen gelebt. (lacht) Dafür haben wir gern in den Läden auf dem Gelände der Garnison eingekauft, eine Lederjacke beispielsweise oder einen Puppenwagen. Dinge, die man bei uns eben schwer bekam. Heute ist von all den zivilen Bauten kaum noch etwas zu sehen, aber vor mehr als 20 Jahren freute sich Viktor Afanasiev, dass sein Wohnblock, in dem er mit Frau und Kindern in jungen Jahren gewohnt hatte, noch stand.

Viktor Afanasiev vor seinem ehemaligen Wohnblock, 2001

Sie waren seine Dolmetscherin?

Das hat sich so ergeben. Nach seinem ersten spontanen Besuch im Fliegerclub luden Helmut Hoffmann und Rainer Jäntsch ihn im folgenden Jahr ein, in einem der Hangars einen Vortrag über seine Weltraumflüge zu halten. Das war 2002, der Hangar war rappelvoll und die Leute waren begeistert von seinen Schilderungen, die ich übersetzte, und den Fotos, die wir über einen Beamer an die Mauer projizierten. Derartige Vorträge von Kosmonauten sind heute gang und gäbe. Wir haben das schon vor mehr als 20 Jahren gemacht. Das war eigentlich der Anfang unserer Freundschaft. Seitdem wurde er von der uesa immer wieder eingeladen und ist Mitglied des Fliegerclubs von ganzem Herzen. Es ist bestimmt kein Zufall, dass er und Helmut Hoffmann sofort einen richtig guten Draht zueinander hatten. Durch die Unterstützung der uesa war im Laufe der Jahrzehnte vieles möglich.

Die beiden teilen auch die Begeisterung fürs Fliegen?

Viktor erzählt heute noch von dem unvergesslichen ersten Flug, den er damals bei seinem ersten Besuch mit Rainer Jäntsch machen durfte. Das hat ihm viel bedeutet und vor die Wahl gestellt, würde er sich immer dafür entscheiden, mit seinen Freunden gemeinsam zu fliegen, auch wenn es inzwischen modernere Maschinen im Club gibt. Als Kosmonaut war es ihm in seinem Land aus Sicherheitsgründen untersagt, selbst zu fliegen. Bei uns eine Maschine zu steuern, blieb für ihn immer ein besonderer Höhepunkt. Und für mich natürlich auch, denn als seine Dolmetscherin durfte ich dabei sein und wunderbare Flüge miterleben.

Am schönsten ist es immer, wenn wir alle mit den Mitgliedern des Fliegerclubs zusammensitzen bei Bockwurst und Sekt und bis in die Nacht hinein über Gott und die Welt reden. Das vermissen wir alle gerade sehr. Beim Flugplatzfest im vergangenen Herbst haben wir gemeinsam eine Videobotschaft für Viktor aufgenommen. Das hat ihm gutgetan.

Vor ein paar Jahren war nicht nur er, sondern seine gesamte ehemalige Staffel auf Einladung der uesa hier?

Das hatte Helmut Hoffmann organisiert und das war für die einstigen Kameraden eine schöne Gelegenheit, sich nach 25 Jahren wiederzutreffen. Besonders hat mich beeindruckt, wie der Kosmonaut seinem früheren Kommandeur gegenübertrat. Afanasiev ist mit ihm eng befreundet, doch das Wort des Vorgesetzten ist entscheidend, egal ob einer im All war oder nicht. Da gibt es keinen Dünkel, kein großes Gehabe. Da erlebt man nur Freundlichkeit und Bescheidenheit. Auch aus diesem Grund sind wir Viktor so herzlich zugetan. Er ist wirklich ein ganz besonderer und angenehmer Mensch. Seine Videobotschaft anlässlich des 80. Geburtstages von Helmut Hoffmann war sehr berührend.

Ohne Hoffmanns Engagement wäre vieles nicht so gekommen?

Das kann ich nur ganz, ganz dick unterstreichen! Was aus dem Flugplatzareal geworden ist, die Entstehung des Fliegerclubs, der Kontakt zu Afanasiev, die Entwicklung des Unternehmens seit der Wende! Dafür habe ich größte Hochachtung und, auch wenn es pathetisch klingt, Verehrung. Als Unternehmer entscheidet er weitsichtig und mutig gleichermaßen und er kann abwarten.

Wenn das Geschäft nicht heute entsteht, dann vielleicht in ein paar Jahren. Ich bin dabei gewesen, als er Viktor seine Pläne für den Ausbau der Werft zeigte. Zehn Jahre lagen sie in der Schublade.
Bei allen Entscheidungen denkt er immer auch an die Menschen. Was hat er für den Erhalt der Uebigauer Schule gekämpft! Und wie vielen Frauen, die nach der Wende ihre Stelle in der Schuhfabrik verloren, bot er bei der uesa eine zweite Chance. Das Schulküchenessen, das dorthin geliefert wird, ist für die Belegschaft dank seiner Subventionierung sogar preiswerter als in der Schule. Und als er 2007 den Mittelstands-Oskar erhielt, war er davon überzeugt, dass nicht nur er auf die Bühne gehörte, sondern viele andere mit ihm.

In der Mitte, das Plakat haltend, von links: Bernd Rosenhahn, Rainer Jäntsch, Viktor Afanasiev und Helmut Hoffmann, sowie Wally Groß rechts außen, 2003

Konversion – eine Jahrhundertaufgabe

Bis auf wenige kleine Areale ist das Gelände des Flugplatzes Lönnewitz, das administrativ teilweise zu Falkenberg und zu Mühlberg gehört, heute einer zivilen Nutzung zugeführt. Die jährlichen Flugtage bereichern mit vielfältigen kulturellen Angeboten sowie mit Freizeit- und Informationsveranstaltungen das gesellschaftliche Leben im Landkreis. Sie begeistern und verbinden Menschen, ermöglichen Kontakte und bieten Gelegenheit zur Identifikation mit der Region. *„Es macht Spaß, das wiederzubeleben"*, meint Rainer Kramer und ergänzt: *„Vor allem, ohne dass Kriegsflugzeuge donnern, und ohne dass Schindluder getrieben wird mit Menschen und Gebäuden!"* Die Kommunen sind zu Recht stolz auf diese Ergebnisse, denn bis dahin war es ein langer Weg. Einer der Verantwortlichen, der über drei Jahrzehnte hinweg die Entwicklungen begleitete und maßgeblich vorantrieb, ist Herold Quick.

Die Flugtage finden großes Interesse und locken viele Besucher an, 2009

388

Auf ein Wort mit **Herold Quick**

Herr Quick, Sie haben 2010 das Amt des FOKUS-Sprechers im Land Brandenburg übernommen. Wie kam es dazu?

Das ist eine lange Geschichte. Ich war nach der Wende ehrenamtlicher Bürgermeister von Rehfeld und übernahm 2002 dieses Amt in Falkenberg. Nun gab es diese große Konversionsfläche in Lönnewitz. Dort hatte sich in den letzten Jahren viel getan. Schon damals hatte ich versucht, bei Schwierigkeiten zu vermitteln.

Nach meiner Amtsübernahme in Falkenberg bemühte ich mich, den Planungsverband, der 1994 gegründet worden war, ins Leben zurückzurufen. Das Gremium umfasste jeweils drei Vertreterinnen und Vertreter der Stadt Mühlberg und Falkenberg und zwei Verantwortliche aus der Hauptverwaltung. Dieses politische Forum war durch die jeweiligen Stadtverordnetenversammlungen zu Entscheidungen berechtigt, was ein effizientes Handeln ermöglichte.

Die Aufgaben der Konversion haben mich damals sehr herausgefordert, aber auch fasziniert. Es war klar, dass die „Jahrhundertaufgabe Konversion" nur gelingen kann, wenn die brandenburgischen Kommunen ihre Erfahrungen austauschen, ihre Ziele und Forderungen gemeinsam verfolgen und gemeinsam vertreten. Deshalb hatte sich schon 1997 das Netzwerk FOKUS, das Forum für Konversion und Stadtentwicklung, gegründet, dem ich 2002 beitrat.

Dieses Netzwerk entwickelte 1996 einen Rahmenplan und im darauffolgenden Jahr einen Bebauungsplan für die Fläche. Seit 1998 versuchte die Veranstaltungsreihe Konversionssommer einer breiten Öffentlichkeit zu zeigen, mit welchen Problemen die Kommunen hinsichtlich der Konversion zu tun haben. Mir war das ein wichtiges Anliegen.

Aber es ging dabei nicht nur um die öffentliche Wahrnehmung?

Nicht ausschließlich. Wir hatten damit auch die Aufmerksamkeit des Ministeriums und fanden dort Gehör und ich konnte vieles von anderen Gemeinden lernen, um die eigenen Flächen zu vermarkten und einer zivilen Nutzung zuführen zu können.

Hatte die Kommune Zugriff auf die Flächen?

Nein, denn sie gehörten uns nicht. Eigentümer war das Land Brandenburg, in dessen Auftrag die Brandenburgische Boden Gesellschaft (BBG) verkaufte. Mit dem Geld konnte renaturiert werden. Für die Kommune war das ein Nullsummenspiel, weil sie bis 2013 ihren Eigenanteil aus dem Ökopool der EU finanzieren konnte, denn die Förderung erfolgte durch den Europäischen Fonds für regionale Entwicklung.

So stand um die Mitte der 1990er Jahre auch das Flugplatzareal zum Verkauf?

Genau. Und Helmut Hoffmann war der erste ernst zu nehmende Investor, der seinen Fuß in die Tür stellte. Der wusste, wie es läuft. (lacht) Er hatte immer neue Ideen, brauchte immer mehr Platz, aber er brauchte auch Fürsprecher und Unterstützer. Die fand er bei unseren Netzwerktreffen oder während der Veranstaltungen des Konversionssommers. Diese engen persönlichen Kontakte zu knüpfen und zu pflegen, Probleme auf kurzem Wege anzusprechen und gemeinsam Lösungen zu finden, das liegt in seinem Wesen.

Heute gibt es auf dem Areal sowohl ein Gewerbegebiet als auch einen vorzeigbaren Flugplatz.

Zwischen 1998 und 2000 siedelten sich weitere Firmen hier an. Ich sage immer, ohne Helmut Hoffmanns Pionierleistung wären wir heute nicht dort, wo wir jetzt stehen. Wenn er nicht unbeirrt an seinen Plänen festgehalten und Kompromisse gesucht hätte, dann würde es dort noch ganz anders aussehen. Das Flugplatzfest ist ein fester Termin im Kalender, und der Zuspruch ist enorm – nicht nur der für Rundflüge und Kunstflugschauen, auch die Betriebsführungen auf dem uesa-Gelände sind gut besucht. Es ist wirklich beeindruckend, wie sich der Standort entwickelt hat. Der Fliegerclub und die uesa GmbH sind ja beinahe eins, denn gleiche Interessen schweißen die Akteure zusammen. Ich habe allerhöchsten Respekt vor dem Fleiß der Vereinsmitglieder, die ihren Platz hervorragend pflegen. Das sehen auch die Menschen in der Region so und die Verantwortlichen im Landkreis, mit denen sich inzwischen eine bemerkenswerte Zusammenarbeit eingespielt hat.

Mitglieder des Netzwerks **FOKUS** bei einem Treffen vor der uesa-Werft mit Herold Quick, 3. v. li., 2014

Ein Treffen des FOKUS-Netzwerks
in der Werfthalle, 2008

Das Netzwerk FOKUS repräsentiert 19 brandenburgische Städte und Gemeinden sowie die Stiftung Naturlandschaften Brandenburg und wird unterstützt durch die Arbeitsgemeinschaft für Konversion und Strukturentwicklung **ARGE KONVER**. Bei regelmäßigen Zusammenkünften mit den Verantwortlichen aus dem Ministerium für Wirtschaft und Energie, den Mitarbeitenden der Brandenburgischen Boden Gesellschaft, BBG, denen des Kompetenz-Zentrums für Konversion und Kampfmittelräumung, der Bundesanstalt für Immobilienaufgaben und der Investitionsbank des Landes Brandenburg werden die Bedürfnisse aller in den Blick genommen. Schließlich muss sich der Erfolg der Konversion daran messen lassen, ob sie dem Land und den Menschen, die darin leben, guttut. Darüber hinaus ist eine Weiternutzung von Flächen ungleich nachhaltiger und umweltschonender als Investitionen auf der grünen Wiese, wie Finanzstaatssekretärin Daniela Trochowski 2017 auf der Fachveranstaltung des Netzwerkes betonte.

Herold Quick verlegte die Arbeitsgruppenberatung des Netzwerkes auf das Gelände und lud im Rahmen des Konversionssommers junge Gymnasiastinnen und Gymnasiasten ein, um auf Fachveranstaltungen das Thema Konversion zu diskutieren und vor Ort zeigen zu können, wie die Umnutzung vorangeschritten war. Die feierliche Übergabe der Erschließungsstraße „Mühlberger Straße“ im August 2004 markierte einen weiteren bedeutenden Meilenstein.

Seit dem Jahr 2000 ist Angela Podwitz in der Brandenburgischen Boden Gesellschaft für Grundstücksverwaltung und -verwertung mbH für die Vermarktung des Flugplatzgeländes verantwortlich. Inzwischen blickt sie auf eine beinahe 25-jährige intensive Zusammenarbeit mit der uesa GmbH zurück.

Sie erinnert sich nicht nur an leichtgängige Verkaufsverhandlungen, sondern auch an viele gemeinsame Veranstaltungen auf dem Firmengelände und die verlässliche Unterstützung durch das Unternehmen. „*Infolge der guten Kontakte zu allen Beteiligten hat sich das Gelände zu einem regelrechten Vorzeigeprojekt entwickelt*“, stellt sie fest und ergänzt: „*Das hat richtig Spaß gemacht.*“ Gern trifft sie sich vor Ort mit Helmut Hoffmann, um seine neuesten Pläne mit ihm zu besprechen, und staunt, wie sich die Flächen und Gebäude entwickelt haben, die durch die Gesellschaft bisher verkauft worden sind.

Finanzminister Christian Görke mit Helmut Hoffmann und Herold Quick, 2015

Auf ein Wort mit **Markus Hennen**

Herr Hennen, die Bruckbauer & Hennen GmbH organisiert seit 25 Jahren die jährliche Veranstaltungsreihe des Konversionssommers im Land Brandenburg. Das ehemalige Flugplatzgelände in Lönnewitz hat sich dafür inzwischen zu einem sehr attraktiven Veranstaltungsort entwickelt. Erinnern Sie sich an Ihren ersten Besuch?
Ich entsinne mich sogar sehr gut daran. Es war im Jahr 2000 und ich hatte wirklich Zweifel, ob das hier jemals etwas werden kann: so weit ab vom Schuss. Keine Autobahnanbindung und der nächste Bahnhof befindet sich auch nicht in unmittelbarer Nähe. Die Mühlberger Straße war damals ein besserer Feldweg, den kein Navigationsgerät anzeigte. Ich fragte mich, wie man hier ein Gewerbegebiet entwickeln könne. Doch die Menschen vor Ort engagierten sich sehr für eine positive Entwicklung und gingen ihre Aufgaben gemeinsam und zielstrebig an. Heute ist die Konversion im Bebauungsgebiet nahezu abgeschlossen. Lediglich zwischen zwei und vier Prozent sind bisher nicht vermarktet. Das ist eine enorm erfolgreiche Konversionsfläche. Als besonders zielführend erwies sich die Gründung des Planungsverbundes der betroffenen Städte, die eine reibungsarme gemarkungsübergreifende Zusammenarbeit ermöglichte.

Die Konversion war gerade für das Land Brandenburg eine sehr große Herausforderung.
Das ist richtig. Etwa acht Prozent des Landes wurden bis zum Beginn der 1990er Jahre ausschließlich militärisch genutzt. Das ist eine Fläche so groß wie das Saarland. Bis auf zehn Prozent, mit besonders schwierigen Rahmenbedingungen, konnten alle Flächen umgenutzt werden. Die Gründung der Brandenburgischen Boden Gesellschaft für Grundstücksverwaltung und -verwertung mbH (BBG) 1994 war dafür eine wesentliche Voraussetzung, denn im Gegensatz zu einer Behörde kann eine solche Gesellschaft viel freier am Markt agieren und die Veräußerungsgewinne gezielt in die Teilfinanzierung weiterer Projekte investieren.
Sie kamen zu Beginn der 1990er Jahre aus Rheinland-Pfalz nach Brandenburg?
Stimmt. Ich kannte die Menschen und ihre Mentalität nicht und war mit den Spielregeln nicht vertraut, aber ich habe schnell gesehen, dass es hier in erster Linie um Lösungen geht. Auch wenn nicht alle einer Meinung sind, blicken sie gemeinsam nach vorn. Das imponiert mir. Ich habe hier viele gute und offene Menschen kennengelernt, die ich sehr schätze, und ich bin froh, dabei zu sein und meinen Beitrag leisten zu können.

Was verbindet Sie mit der uesa?

Das Unternehmen ist auf dem Flugplatzgelände am stärksten vertreten, fast 160 Menschen arbeiten hier. Und selbstverständlich haben Helmut Hoffmann und die uesa einen wesentlichen Anteil an der erfolgreichen Konversion des Geländes. Im Rahmen der Konversionstage bieten wir in bewährter Weise in Kooperation mit den Städten Falkenberg/Elster und Mühlberg/Elbe, dem Fliegerclub „Die Falken" und den hier angesiedelten Unternehmen, regelmäßig Besichtigungstouren durch die Firma an und es gibt immer wieder Neues zu sehen. Gern nutzen wir Hallen oder Shelter für Veranstaltungen und Ausstellungen, und auch der Landkreis lud neulich zu einer Ausbildungsmesse in eine der Hallen.

Im vergangenen Frühling organisierten wir ein „Historisches Spektakel" und stellten den achttägigen Ritt Kaiser Karls V. von Falkenberg/Mühlberg nach Bleesern/Wittenberg nach dem Sieg der Katholischen Liga über den Schmalkaldischen Bund im Jahr 1547 nach.[1] *Der Falkenberger Fliegerclub „Die Falken" stellte freundlicherweise seine Vereinsräume und die Freiflächen auf seinem Vereinsgelände kostenfrei zur Verfügung. Für zwei Nächte fanden unsere 21 Hauptakteure mit 19 Pferden, zwei Mulis und einem Planwagen hier Quartier. Auch die uesa GmbH war als Sponsor sehr wesentlich am Erfolg dieser Veranstaltung beteiligt.*

Eine Veranstaltung des Konversionssommers im uesa-Werftgebäude, 2017

Teilansicht der 7,5-Megawatt-**Photovoltaikanlage**

Die nachweisliche Schadstoffbelastung auf dem ehemaligen Flugplatzgelände blieb lange eine schwierige Herausforderung. Die Shelter und Hallen waren zwar bis Anfang der 2000er weitestgehend von Müll und gefährlichen Abfällen befreit worden, die nach Abzug der russischen Truppen (WGT) von einheimischen Unternehmen dort illegal abgelagert worden waren, doch unter der Erde befanden sich Altlasten aus den Zeiten des Kalten Krieges. Diese kontaminierten den Boden derartig, dass er als Sondermüll behandelt werden musste. Der besorgniserregende Begriff „Kerosinblase“ machte die Runde und allen war klar, nördlich des Flugplatzgeländes würde man auf lange Sicht nichts bauen können.

Eine Möglichkeit gab es jedoch, diese Flächen sinnvoll zu nutzen. Die Errichtung von Photovoltaikanlagen bot die einzig vernünftige wirtschaftliche Lösung. Helmut Hoffmann zog diese Variante sofort in Betracht. Die Flächen standen zur Verfügung und das Thema Energie war seit Jahrzehnten das Metier der uesa GmbH. Das Erneuerbare-Energien-Gesetz, das die bevorzugte Einspeisung von Strom aus erneuerbaren Quellen ins Stromnetz regelt und den Erzeugern feste Vergütungen garantierte, war ein attraktives Angebot, das eine nachhaltige Entwicklung der Energieversorgung ermöglichen sollte.

Bereits seit etwa 2004 gab es Pläne für eine derartige Bewirtschaftung des stark kontaminierten Geländes. Doch während es der Kommune an den notwendigen finanziellen Mitteln mangelte, um die Fläche zu erwerben, fand sich ein chinesischer Investor, der auf einer kleinen Teilfläche, für die Baufreiheit bestand, begann, diesen Plan umzusetzen.

*„Pfähle reinrammen,
Photovoltaik draufstellen
und den Rest der Natur überlassen.“*

Herold Quick
Bürgermeister der Verbandsgemeinde Liebenwerda bis 2023

In enger Abstimmung zwischen Helmut Hoffmann, Herold Quick, Frank George und dem Planungsverband wurde im Weiteren ein Bebauungsplan im Auftrag der uesa entwickelt. Die zähen Verhandlungen um den Flächenerwerb kosteten Zeit und Energie. Doch ab 2010 konnte die uesa GmbH die betreffenden Flächen zu einem Solarpark entwickeln.

Im Vorfeld diskutierte man den Ausbau des Flugplatzes mit Photovoltaikflächen unter den Mitgesellschaftern und im Beirat sehr kontrovers. Den Beirat hatte Helmut Hoffmann mit dem Ziel ins Leben gerufen, ähnlich einem Aufsichtsrat ein Aufsichtsorgan zu besitzen. Konzeptioniert wurde dieser Beirat vom langjährigen Steuerberater und Rechtsanwalt des Unternehmens, Olaf Lehmann, der zudem Mitglied des Gremiums ist. *„Den Vorsitz hat Gerhard Dickert, und es gehörten damals uesa-Mitarbeitende sowie Gottfried Stolper als ehemaliger Geschäftsführer der EFEN GmbH und Wegbegleiter der uesa seit 1990 dazu. Ich bin heute noch der Externe. Wir besitzen gemeinsam eine Menge an Kompetenz, um große Vorhaben auf Vor- und Nachteile abzuklopfen"*, stellt Lehmann fest. Sein Rat wird nicht nur aus steuerlicher und rechtlicher Sicht gehört, auch seine Lebenserfahrungen fließen in die Beurteilungen ein. Die Bedenken, die es im Photovoltaikprojekt gegenüber einem beteiligten Investor gab, erwiesen sich zwar durchaus als berechtigt, dennoch wurde die Errichtung der Anlage ein überragender Erfolg. Selbst die kühnsten Ideen wurden und werden immer seriös umgesetzt. Riskantere Vorhaben werden vorsorglich in Projektgesellschaften ausgegliedert, damit das Unternehmen selbst nicht in schwierige Situationen gerät.

Ein einfacher Mandant ist die uesa trotzdem nicht. Schließlich müssen alle Entscheidungen gut überlegt, vorbereitet und begleitet werden. Da kamen in den vergangenen 33 Jahren schon beträchtliche Investitionssummen zusammen, bei denen sich auch die Banken gern nach allen Seiten absicherten. *„Inzwischen traut man der uesa aber alles zu"*, resümiert der Rechtsanwalt und fährt fort: *„Die uesa hat sich in Südbrandenburg zu einem ‚Leuchtturm' entwickelt. Der unternehmerische Instinkt der Entscheider ist bemerkenswert und trägt maßgeblich zur erfolgreichen Entwicklung bei."*

Bevor im Herbst 2010 die ersten Pfähle eingerammt werden konnten, suchten Experten das fragliche Gelände nach gefährlichen Stoffen und Gegenständen im Boden ab. Munition fanden sie nicht, Flugzeugteile aber schon. *„Da kamen halbe Flugzeuge raus"*, erinnert sich Dieter Rosenhan. Der Inhaber einer Werbeagentur besitzt seit Mitte der 1990er Jahre Shelter und Flugzeug auf dem Gelände und engagiert sich aktiv im Fliegerverein. *„Da waren schnell drei oder vier Schrottcontainer gefüllt mit dem, was die russischen Truppen vor dem Abzug dort vergraben hatten"*, fährt er fort.

Manfred Ruh war derjenige, der Helmut Hoffmann bei den Bauabstimmungen eng begleitete. Bei ihm waren die Themen der praktischen Umsetzung in den besten Händen. Er kümmerte sich um Kontakte zu den Herstellern der Panele, organisierte die Lieferung und Installation und an seinem Tisch wurden alle wichtigen Fragen des Umweltschutzes geklärt.

Die gemeinsamen Anstrengungen mündeten 2011 in der Gründung der **uesa Solar I GmbH** und der **uesa Solar II GmbH** in Verbindung mit erheblichen Investitionen in den uesa-Solarpark. Dort erfolgte bis 2011 der Ausbau der Photovoltaikanlagen auf knapp **50 Hektar Baufläche mit 164.916 Modulen**. Zeitgleich schuf man eine 35 Hektar große Ausgleichsfläche.

Die uesa Solar I fungiert als Betreiberin des Solarparks, an dem uesa Solar II beteiligt ist. Beide Unternehmen bilden den rechtlichen Rahmen für das Engagement der uesa in der Solarbranche.

Lageplan des neu errichteten Solarparks mit Solarflächen von zwei weiteren Investoren, 2010/11

Nach langwierigen Verhandlungen über die Flächennutzung musste der Bau der Solaranlagen so schnell wie möglich erfolgen, um bis Ende 2010 fertiggestellt zu sein, um die Einspeisevergütung noch in damaliger aktueller Höhe zu erhalten. Die Einspeisevergütung wird zwar jährlich ausgezahlt, doch verringert sie sich regelmäßig, um den Anreiz zu erhöhen, den Strom kostengünstiger und effizienter zu gewinnen. Rainer Kramer, der mit der Kramer & Plaček GmbH von Anbeginn sämtliche Bauanträge für die uesa ausarbeitete und auch die baurechtlichen Voraussetzungen für die Errichtung dieser Anlagen schaffen musste, erinnert sich an Wochen intensivster Arbeit unter widrigen Wetterbedingungen.
Zwischen der Einreichung der Genehmigungsunterlagen im August 2010, der offiziellen Baugenehmigung im September und dem Beginn der Montage im Oktober lagen weniger als acht Wochen. Noch vor Jahresende konnten die letzten Module montiert und der Park ans Netz angeschlossen werden.

Mit einer Nennleistung von 7,5 Megawatt ist der Park heute weit mehr als ein Referenzobjekt für die Produkte des Unternehmens, das damals Planungs- und Erschließungsleistungen für das gesamte Solarparkareal in einem Umfang von 33 Megawatt und einer Fläche von 50 Hektar vorfinanzierte. Im Zuge dessen überbaute uesa unter anderem das ehemalige Tanklager mit Solarmodulen und errichtete ein kleines Umspannwerk für die Einspeisung des gewonnenen Solarstroms, das auch Energie aus Biogas und Wind in das Stromnetz bringen kann.
Darüber hinaus ist uesa aktuell an einer weiteren Freiflächen-Photovoltaikanlage am Standort beteiligt. *„Das Thema hat an Bedeutung nichts verloren, denn Solarenergie wird in der Energiewende und in der Zukunft eine große Rolle spielen"*, ist René Thinius überzeugt, der für diesen Bereich seit 2013 verantwortlich ist.

Das Umspannwerk und eine Trafostation mit Außen- und Innenansicht

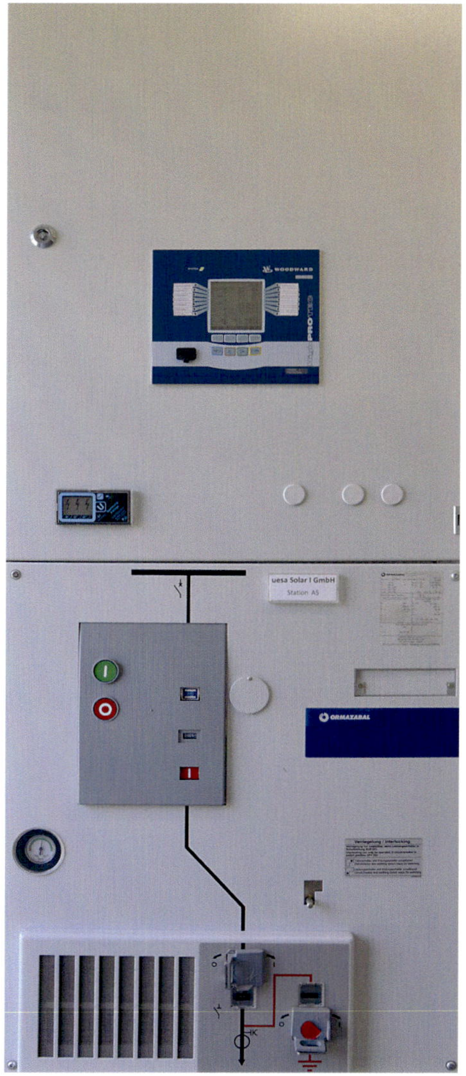

Wechselrichterstationen im Solarpark

Die nötigen Komponenten für die eigenen Photovoltaikanlagen, wie Gehäuse für die Wechselrichter, die komplette Mittelspannung, die Generatoranschlusskästen und einen Teil der Verkabelung, stellte die uesa selbst her. Für die Wechselrichtergehäuse entwickelte die uemet, eine Tochterfirma der uesa, leichte Gehäusesysteme aus Blech. Es war nun viel einfacher, die Betonkörper im Gelände an ihren finalen Platz zu bewegen, als es das mit den üblichen Betonkörpern gewesen wäre. Auf diesen Gewichtsvorteil bauten auch Kunden im Photovoltaikgeschäft und in den folgenden Jahren gingen viele der leichten Gehäuse in den Export nach Großbritannien, individuell nach den Vorgaben der Kundschaft gefertigt.

Der Transport dieser Blechgehäuse ist um ein Vielfaches umweltschonender und preiswerter. Die unterschiedlichsten Bedürfnisse der Kunden werden heute zufriedengestellt und die Modelle sogar mit einer Kühlungsvorrichtung ausgerüstet, die den Ansprüchen des Klimaschutzes entspricht. Gerade was den Bereich der Kühl- und Lüftungssysteme betraf, bewegten sich die Ingenieure und Techniker von uemet und uesa zunächst auf unbekanntem Terrain. Von den Problemlösungen profitiert das Unternehmen noch heute. Was anfangs als technische Lösungen für die eigene Produktpalette gedacht war, entwickelte sich zu gefragten Artikeln in der boomenden Branche der erneuerbaren Energien.

Zeichen der **Energiewende**

Die Anstrengungen im Photovoltaikbereich zahlten sich aus und auch das Betriebsgelände entwickelte sich weiter. Das Unternehmen lud im Rahmen des Ausbildungs- und Beschäftigungstages des Landkreises im Herbst 2012 zu einer Betriebsführung ein und stellte selbstverständlich dafür eine Halle als Veranstaltungsort zur Verfügung. Es trafen sich Verantwortliche aus Kommunen, Ministerien, dem FOKUS-Netzwerk und interessierte Bürgerinnen und Bürger der Region auf dem ehemaligen Flugplatzgelände. Helmut Hoffmann lädt immer gerne ein und bringt Leute zusammen, die gemeinsam etwas bewegen können. Der gesamte Bereich mit Sonderlandeplatz und dem angrenzenden Gewerbe- und Industriegebiet hat sich inzwischen zu einem wichtigen Wirtschaftsstandort der Region entwickelt, wie Herold Quick 2014 im Abschlussbericht des Netzwerkes betonte. Der Bürgermeister hatte sich sehr für die Errichtung des Solarparks engagiert und freut sich heute nicht nur über die wirtschaftlichen Erfolge der Anlage, sondern auch über die Chancen, die sich für die Flora und Fauna bieten. Die anfänglichen Bedenken, Vögel könnten sich auf den Paneelen durch Hitze verletzen, erwiesen sich als unbegründet. Stattdessen siedeln sich auf dem Gelände sogar neue Arten an.

Die streng geschützten Zauneidechsen fanden unter den Anlagen ideale Lebensbedingungen vor. Sogar der Bestand der gefährdeten Feldlerchen scheint anzuwachsen. Diese Entwicklung ist eine unmittelbare Folge der naturschutzfachlichen Baubegleitung durch die untere Naturschutzbehörde des Landkreises. Sie sollte sicherstellen, dass es während des Baus des Solarparks und auch nach seiner Fertigstellung nicht zur Gefährdung einheimischer Vogelarten und bestimmter Säuger, Reptilien und Amphibien käme, die dort beheimatet waren. So befand sich am westlichen Rand des geplanten Parks ein Hauspflaumenbaum, der Raubwürgern als Nistgelegenheit diente, weswegen an dieser Stelle die Pflanzung weiterer Pflaumenbäume erfolgte.

Es entstanden neue Lebensräume für zahlreiche Tier- und Pflanzenarten

„Eigentlich müsste ich Kurtaxe zahlen."

Rainer Kramer
Geschäftsführer des Bauunternehmens Kramer & Plaček

Für die Zauneidechsen blieb der nordwestliche Teil der ehemaligen Eisenbahntrasse während der Bautätigkeit als Rückzugsgebiet erhalten und wurde durch das Anlegen von Bruchsteinhaufen mit Wurzelstuppen und das Ausbringen von Humus und Feinsand noch attraktiver. Davon profitieren auch die Steinschmätzer, eine Vogelart, die offenes und steiniges Gelände schätzt. Von Bedeutung waren nicht nur die weitestgehende Erhaltung und der Schutz der natürlichen Habitate, sondern auch die Schaffung potenziell nutzbarer Lebensräume, wie beispielsweise für den Flussregenpfeifer. Der liebt es karg und brütet mancherorts sogar auf den Stellflächen von Windrädern. Solche vegetationsfreien Schotterflächen konnten in Lönnewitz nach der Entsiegelung von Betonflächen entstehen, auf die der klein gebrochene Beton wieder aufgetragen wurde. Alles in allem umfasste die naturschutzfachliche Baubegleitung ein umfangreicher Maßnahmenkatalog, der Fällungen, Beweidung und den Schutz vorhandener potenzieller Laichgewässer ebenso enthält wie einen Umsiedelungsplan für Fledermäuse und Vorgaben für die unterschiedlichsten Nistkästen, -höhlen und Sitzwarten für eine Vielzahl heimischer Vogelarten.

In regelmäßigen Kontrollen überzeugte sich die Behörde davon, dass die geplanten Maßnahmen umgesetzt wurden und prüfte, ob die Pläne aufgingen. Gegebenenfalls konnte nachjustiert werden, wie im Fall der Pflaumenbäume, deren Standort schwer zugänglich war und die infolge anhaltender Trockenheit nicht anwuchsen. Hier war eine weitere Ersatzpflanzung notwendig. Auch die kleinen Feuchtbiotope und Laichgewässer haben in der Vergangenheit unter den Folgen des Wassermangels gelitten und trockneten

Zahlreiche Vogelbrutkästen wurden auf dem Gelände angebracht

aus. Man entschied sich aus praktischen Gesichtspunkten gegen die geplante Beweidung der Flächen und versucht inzwischen durch abwechselndes Mähen der einzelnen Bereiche, Lebensraum sowie Nahrungsgrundlage für Insekten und Vögel zu erhalten und außerdem Schneisen zu schaffen, um im Brandfall die weitere Ausbreitung eines Feuers zu verhindern. Sowohl die Umsetzung der Pläne als auch deren bedarfsgerechte Anpassung erfolgen mit Augenmaß und viel Fingerspitzengefühl, denn die Naturschutzthemen liegen den Verantwortlichen bei der uesa am Herzen. Das Unternehmen bildete schon um 2010 mit der böhler & naumann Landschaftsplanung GmbH eine Planungsgemeinschaft und beauftragte die Firma Hensen – Büro für Naturschutz im Rahmen der Bebauungsplanung mit dem Gutachten. Die anfallenden Kosten wie auch die für die Ausführung der Arbeiten übernahm die uesa GmbH.

Beispielsweise wurden 15 Fledermaussommerkästen in drei unterschiedlichen Ausführungen an Großbäumen im Solarpark angebracht.
Zehn Kästen installierte man vor Beginn der Baumaßnahme, den Rest nach Bauabschluss. Auch vier Brutkästen mit ausgeformter Nistmulde für den Wendehals fanden an Großbäumen im Umfeld ihren Platz. Neben fünf Kästen für den Wiedehopf, den Vogel des Jahres 2022, finden sich hier weitere 15 Kleinvogel- und acht Meisenkästen sowie jeweils fünf Staren- und Nischenbrüterhalbhöhlen.

Frank George, der Amtsleiter im Amt für Bauaufsicht, Umwelt- und Denkmalschutz Herzberg/Elster, ist überzeugt davon, dass es in ganz Brandenburg keine vergleichbare Konversionsfläche gibt, auf der sich industrielle Produktion, Alternativenergiegewinnung und Flugsport in so fruchtbarer Symbiose vereinen.

Flussregenpfeifer

Wendehals

Wiedehopf

Zauneidechse

DRIVE-IN ABI 2020 vor der neuen uesa-Werfthalle

Darüber hinaus stellt Helmut Hoffmann gern Flächen und Gebäude, wenn es irgendwie möglich ist, für Veranstaltungen zur Verfügung. Ob Konversionssommer, Kosmonautenbesuche, Netzwerktreffen – bei der uesa in Lönnewitz finden alle einen Platz. Im Frühsommer 2020, als die Abiturfeiern unter Pandemiebedingungen stattfinden mussten, lud Helmut Hoffmann Schülerinnen und Schüler mit ihren Familien und die Lehrkräfte des Beruflichen Gymnasiums Falkenberg zur feierlichen Zeugnisübergabe auf den Platz vor der Werft ein. Wenn auch der Abiball dem Coronavirus zum Opfer fiel, so wurde das DRIVE-IN ABI 2020 ein unvergessliches Erlebnis für alle Beteiligten und erhielt mediale Aufmerksamkeit.

Privates Engagement von Mitgliedern des Fliegerclubs trug dazu bei, dass die Shelter des ehemaligen Flugplatzes einer modernen Nutzung zugeführt wurden. Neben der Unterbringung ihrer Flugzeuge investierten sie viel Zeit und Mühe, um aus den angrenzenden Grundstücken kleine Paradiese für Mensch und Tier zu schaffen. So entstanden hier ganz nebenbei auch kreative Beispiele einer sinnvollen Neugestaltung der vorhandenen Grünflächen.

Neu geschaffene Gartenanlage mit kleinem Weinberg hinter einem Shelter, 2024

Mannschaftsfoto der uesa-Auswahl mit den ESV Lok 09-Spielern „Alte Herren“ aus Falkenberg und Helmut Hoffmann in ihrer Mitte, 2021

Bei aller Verantwortung, der sich Helmut Hoffmann in Bezug auf Natur- und Umweltschutz stellt, haben die Sicherstellung und Gewährleistung guter Arbeitsbedingungen und ein angenehmes Arbeitsklima in seinem Unternehmen für ihn oberste Priorität. Dass die uesa GmbH eine gute Arbeitgeberin ist, belegt nicht zuletzt die Tatsache, dass vielfach schon mehrere Generationen einer Familie gern hier arbeiten. *„Ein Unternehmen ist immer nur so gut wie seine Mitarbeiterinnen und Mitarbeiter"*, bestätigt der Chef des Hauses und blickt stolz auf die Zahl der Beschäftigten, die sich in den Jahren des Bestehens der uesa GmbH durch die stetige Erweiterung zur uesa group auf etwa 1.000 erhöht hat und kontinuierlich weiterwächst.

Am Standort in Uebigau entsteht gerade eine moderne Kantine. Dort werden die älteren Werkhallen kontinuierlich saniert und mit notwendigen modernen Sicherheitsanlagen ausgestattet, um einen optimalen Arbeitsschutz und eine gute Arbeitsatmosphäre zu schaffen. So wurde mit dem Einbau einer kostenaufwendigen Luftreinigungsfilteranlage für bessere Luft im Arbeitsumfeld gesorgt. Veraltete sanitäre Anlagen wurden erneuert und in den neuen Hallen moderne verbaut. Außerdem unterstützt das Unternehmen einen aktiven Ausgleich zur Arbeit. So gibt es seit 2013 den uemet-Fußballclub mit engagierten Spielern sowie treuen Fans aus der Belegschaft und Helmut Hoffmann als Ehrenmitglied. Mit Freude wird das jährliche Turnier gegen die Falkenberger „Alte Herren"-Mannschaft mit anschließendem Bratwurstessen erwartet und gern vom Firmenchef gesponsert. Den jährlichen Höhepunkt bildet das Flugplatzfest in Lönnewitz, das ebenfalls immer großen Anklang findet.

Beisammensein auf dem beliebten Flugplatzfest, 2014

uesa
K+P
KRAMER+PLAČEK
BAUUNTERNEHMEN

Moderne Hallen, beeindruckende Technik und ein aufgeräumtes Umfeld konnten ein beträchtliches Manko des Flugplatzstandortes Lönnewitz lange Zeit jedoch nicht ausgleichen: Schnelles Internet gab es hier bis 2021 nicht. Die Büros, in denen die Verantwortlichen vor Ort die neuen Solaranlagen überwachen und steuern sollten, standen bis 2013 leer. Ohne eine sichere Internetanbindung war deren Arbeit in Lönnewitz in modernen Zeiten undenkbar.

Als die Idee entstand, die Firma Kramer & Plaček vom Standort Uebigau dorthin zu verlagern, löste das nicht gerade Begeisterungsstürme bei Rainer Kramer und seinen Kollegen aus. *„An den Ohren mussten sie mich rausziehen“*, beschreibt es der Bauunternehmer heute lachend. *„Aber wir arbeiteten hauptsächlich mit Telefon und Fax und passten somit am besten hierher. Außerdem brauchten wir Platz für einen großen Plotter, um die Zeichnungen auszudrucken, und eigene Arbeitsplätze für alle.“*

Nach dem Umzug hatte die Produktionsvorbereitung in Uebigau endlich mehr Platz und auch für die Kolleginnen und Kollegen aus den Büros, die im Arbeitsalltag den engen persönlichen Austausch brauchen, wurde die Zusammenarbeit leichter. *„Das ist schon ein recht homogenes Nest“*, meint Kramer. Zuvor hatte sich die uesa-Tochter mit ihren Planungs- und Antragsunterlagen, mit Reißbrettern und Bauzeichnungen immer ein wenig als Fremdkörper zwischen Schaltanlagen, Trafos und Verteilerschränken gefühlt.

Halle 3 mit integriertem Firmensitz des Bauunternehmens

Bei der Gründung des Bauunternehmens stand im Übrigen wieder einmal Helmut Hoffmann Pate. Er ermunterte seine Nachbarn, Reiner Plaček und Rainer Kramer, 1995 zur Unternehmensgründung. *„Wir brauchen die Nähe zu einer Baufirma. Wir wollen noch so viel bauen“*, begründete er schon damals seinen Vorschlag und tatsächlich trägt alles, was auf dem ehemaligen Flugplatzgelände neu entstanden ist, die Handschrift der Schmerkendorfer Firma. Auch die Hallenneubauten auf dem uesa-Gelände in Uebigau wurden von Kramer & Plaček projektiert und ausgeführt.

Die Geschäftsführer Rainer Kramer und Reiner Plaček

Belegschaft der **Fa. Kramer + Plaček**

Nach der feierlichen Einweihung einer großen Halle in Uebigau nahm Hoffmann Rainer Kramer zur Seite. *„Ich glaube, ich habe einen Fehler gemacht. Die neue Halle ist schon zu klein. Wir hätten gleich die Werft nehmen sollen."* Nur sieben Monate später lag die Baugenehmigung für den ersten Bauabschnitt zur Sicherung und Umnutzung der ehemaligen Flugzeugwerft vor.

Nach Übernahme des Wettbewerbers NKT Cables GmbH Nordenham 2016 war für dessen Erzeugnispalette mit dem Schwerpunkt Hausanschlusskästen an der Doberluger Straße beim besten Willen kein Platz mehr. Der Kabelverteilerbau musste zurück nach Lönnewitz. Die große Werfthalle würde nicht nur Platz für 20 Arbeitsplätze, sondern darüber hinaus Lagerflächen, Sonderarbeitsplätze für Großanlagen, Büros, Sanitär- und Umkleideräume sowie einen Speiseraum bieten.

uesa-Standort Uebigau mit neu gebauter NKT-Halle

■ *„Wir hatten alle hin und wieder Zweifel. Erst eine Halle, dann eine weitere, und dann das Geschoss, die Werft – das war dann der Höhepunkt!“*

Petra Schäfer
ehemalige Personalleiterin der uesa GmbH

Die Werft bildete über Jahrzehnte das Herzstück des Flugplatzareals, denn hier war in ihren Anfängen bedeutende Flugzeugtechnik entwickelt worden. Schon in den 1990ern erweckte diese Immobilie großes Interesse. Helmut Hoffmann schob damals die großen Tore auf und trat staunend mit seinen Mitarbeitenden in die Halle. Beeindruckt waren alle, doch bestand kein Zweifel daran, dass dieses Gebäude für die uesa in jeder Hinsicht eine Nummer zu groß war. *„Sie war noch in gutem Zustand“*, erinnert sich Helmut Hoffmann und fährt fort: *„Wenn ich gekämpft hätte, dann hätten wir sie bekommen, aber mir war der Zusammenhalt wichtig. Aus heutiger Sicht haben wir es genau richtig gemacht, mit den beiden kleinen Hallen zu beginnen!“* Diese waren leichter und schneller nutzbar zu machen und auch preiswerter zu erwerben.

Die Werfthalle 2016

Vom Tisch war das Thema damit allerdings noch nicht, vielmehr legte man die Pläne nur in die Schublade, um sie jederzeit wieder hervorzuholen, wenn sich ein entsprechender Bedarf an Fläche ergeben würde. Diese Notwendigkeit begann sich um 2015/16 abzuzeichnen. Für die Fertigung von Hausanschlusskästen, Mittelspannungsanlagen sowie der hierfür notwendigen Schutzschränke bot die Produktionsverlagerung in die Werfthalle eine geeignete Lösung.

Wie bei den anderen Liegenschaften auf dem ehemaligen Flugplatzgelände spielte auch bei der Werft der Denkmalschutz eine entscheidende Rolle. *„Das ist ein beeindruckendes Stück Ingenieurleistung. Man geht mit Andacht hinein“*, ist Rainer Kramer überzeugt, der sich noch lebhaft an einen Sonntagmorgen im Mai 2016 erinnert.

Mit leuchtenden Augen stand Helmut Hoffmann damals in der großen Halle, deutete erst nach rechts, dann nach links, wies anschließend weit nach oben und sprudelte über vor Ideen. *„Da wusste ich, jetzt ist es geschehen. Jetzt geht das los mit der Werft“*, lacht Kramer. Für den Baubetrieb begann alles mit einer großen Ungewissenheit, denn die Werfthalle schien als Produktionsstätte auf den ersten Blick nicht gut geeignet. In vielerlei Hinsicht entsprach sie den bindenden Bauvorschriften nicht. Doch das Bauvorhaben war nicht aufzuhalten, denn Hoffmann selbst übernahm die Bauleitung, und auch wenn Kramer anfänglich mit mancher seiner Entscheidungen haderte, so war es doch am Ende immer der richtige Weg, schätzt er heute ein und erzählt: *„Wir haben auch schon mal Stirn an Stirn gestanden, aber letztlich bringt uns Helmut Hoffmann immer weiter. Ich bin da voller Ehrfurcht und Dankbarkeit.“*

Das denkmalgeschützte Tor der Werft blieb teilweise erhalten

Als ausgewiesenes Einzeldenkmal auf der Denkmalliste des Landkreises befand sich die Immobilie 2016 in beklagenswertem Zustand und nicht wenige glaubten, sie sei nicht mehr zu erhalten. Selbstverständlich war die BBG damals erleichtert, als sie vom Interesse der uesa GmbH an der Werft hörte. Neben dem Landesamt für Denkmalpflege setzte sich auch der Finanzminister des Landes für eine Sonderregelung ein, die dem Unternehmen den Erwerb erleichterte. Im Vorfeld hatten sich Mitarbeitende des FOKUS-Netzwerkes an das Finanzministerium gewandt. Hier zeigte sich einmal mehr, wie die vertrauensvolle Zusammenarbeit und die enge Vernetzung aller Beteiligten Hindernisse aus dem Weg schaffen können. Schon ein Jahr später fand der Konversionssommer in der frisch sanierten Halle der Werft statt.

Der erhaltene Originalbaukran sowie Ansichten von Gebäude, Halle und Werft jeweils vor der Sanierung, Bild oben, und der Zustand danach, Bild unten

Für die Sanierungsarbeiten waren enge Abstimmungen zwischen der unteren Denkmalschutzbehörde und der uesa notwendig. *„Und zwar zielorientiert und vertrauensvoll“*, wie sich Amtsleiter Frank George erinnert. So blieb ein Teil der originalen Werft-Tore, wie schon gezeigt, erhalten, um die ursprüngliche Funktionalität der Hallen zum Ausdruck zu bringen. Für Frank George bildet die Sanierung der Werft das Kernstück der erfolgreichen Konversion, die in dieser Dimension ihresgleichen sucht.

Die Flugzeugwerft nach der Sanierung 2017

Lageplan vom Flugplatzgelände Lönnewitz
mit ehenmaliger **Flugzeugwerft**, 2017

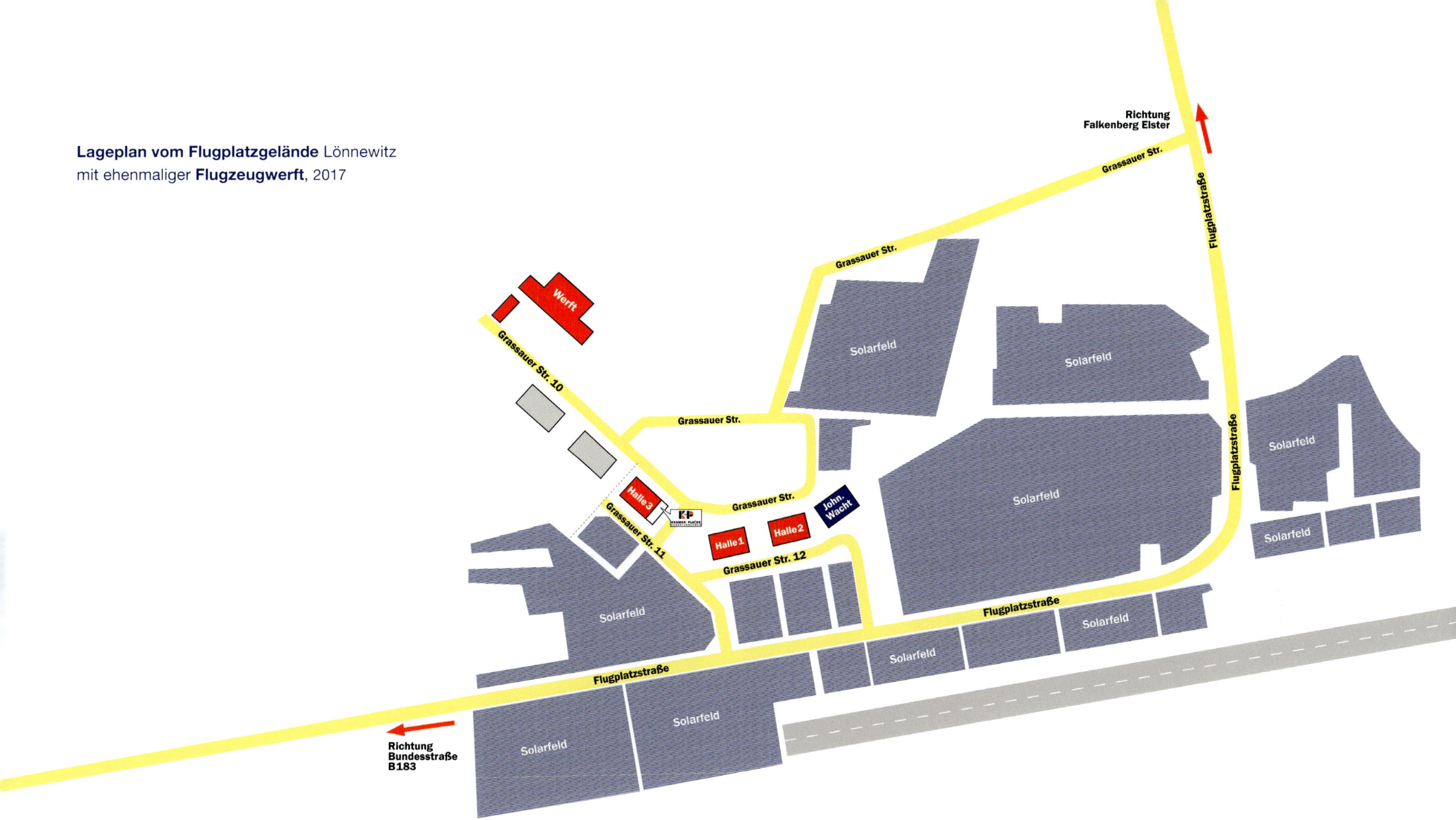

Apropos Dimension: In der großen Werfthalle entstanden neben den ersten Büros auf dem Flugplatzgelände auch Arbeitsplätze, an denen Großanlagen, wie beispielsweise Bohrinselgroßcontainer und Container für die Teststrecke auf der A1 für Elektro-Lkw, gefertigt werden konnten. Außerdem befinden sich heute sämtliche Arbeitsplätze des Bereiches Mittelspannung in der Werft beziehungsweise in deren Nähe. Um diese Abteilung von Uebigau erfolgreich nach Lönnewitz umsetzen zu können, war der Umzug von Planung und Arbeitsvorbereitung eine wichtige Voraussetzung. Wenn auch die Büros um 2019/2020 saniert und eingerichtet wurden, so blieb die Arbeit schwierig, denn eine notwendige schnelle Internetverbindung wurde erst mit einiger Verzögerung 2021 nach Lönnewitz gelegt.

Container für die Teststrecke auf der A1 für Elektro-Lkws mit Oberleitungsanschluss

Das Zentrallager im Zentrum der Werft, 2024

Ein Mitarbeiter bei der Montage einer SF6-Schaltanlage

Mit dem Umzug der Mittelspannungsanlagenfertigung nach Lönnewitz gewinnt in Uebigau die eigentliche Basisproduktion in Metall, Blech und Kupfer wieder mehr Raum. Den Erweiterungen im Segment Niederspannungsverteilungen durch den Einsatz von Automatisierungsanlagen steht nichts mehr im Wege.

„Wenn ich die Werft sehe, dann wird mir warm ums Herz", bekennt Herold Quick, der damalige Bürgermeister der Verbandsgemeinde, und ergänzt: *„Dass sich Hoffmann da überhaupt rangetraut hat. Respekt!"* Denn die Kommune konnte lediglich unterstützen und mit den Verantwortlichen des Landkreises nach Kompromissen und Lösungen suchen, um Reibungspunkte zu entschärfen. Gemeinsam gelang es, Fragmente wie das Eingangstor oder den großen Portalkran im Inneren zu erhalten.

Der **Konversionssommer 2017** in der frisch sanierten Flugzeugwerft: Hannelore Brendel, Bürgermeisterin von Mühlberg, Helmut Hoffmann, Viktor Afanasiev, Landrat Christian Jaschinski und Herold Quick

Fertigung von Q/U-Schutzschränken

Luftisoliertes Messfeld an einem Arbeitsplatz

Der erwähnte Raubwürger ist auf dem Gelände beheimatet

Nah dran an der Natur

Nach langen Jahren, in denen sich in Lönnewitz fast ausschließlich Fertigungsstätten befanden, erfolgte 2016 der Umzug von Büros mit Angestellten der uesa auf das Gelände. Die Zeiten, da sich dort nur eine Handvoll Mitarbeitende befanden und mit Fuchs und Hase „Gute Nacht“ sagten, sind längst vorbei. Heute arbeiten knapp 160 Menschen auf dem Gelände, 75 davon in der Werft. Fuchs und Hase sind freilich noch immer da. Und nicht nur die.

Beim geplanten Abriss der im Wald befindlichen Stabsgebäude 2007/08 im Auftrag der Brandenburgische Boden Gesellschaft, BBG, traf man im Keller auf die Wochenstuben von Fledermäusen. Auch in den Zisternen des ehemaligen Wasserwerkes fanden sich deren Quartiere, in denen sich die trächtigen Weibchen im Sommer zusammenfinden, um ihre Jungtiere zur Welt zu bringen und sie gemeinsam aufzuziehen. Vor dem Rückbau des Stabsgebäudes prüfte die zuständige untere Naturschutzbehörde den Bau und entdeckte die Tiere. Sie erteilte der BBG die Auflage, Ersatzquartiere für die nachtaktiven Säuger einzurichten. Ein alter Bunker wurde mit entsprechenden Öffnungen versehen und die Beamten setzten die Tiere um.

Fledermaus

FEUERWEHR
ELW
6
6
5
4/3
3

Einer nie zuvor dagewesenen Bedrohung sahen sich Tiere, Gebäude und Anlagen im Juli 2022 auf dem ehemaligen Flugplatzareal ausgesetzt. Ein Wald- und Ackerbrand nahe Falkenberg/Elster war infolge extremer Winde im Verlauf eines Unwetters außer Kontrolle geraten und versetzte Mensch und Tier in Angst und Schrecken. *„An einem bestimmten Punkt waren wir vollkommen machtlos gegenüber den Elementen Feuer und Wind. Das war keine schöne Erfahrung. Sieben meiner Kameraden wurden während der Löscharbeiten fast vom Feuer eingeschlossen, überlebten aber glücklicherweise leicht verletzt"*, erinnert sich Chris Mowschek, der Ortswehrführer der Freiwilligen Feuerwehr Uebigau und Sachbearbeiter im uesa-Vertrieb. Das Logistikzentrum für den Einsatz befand sich übrigens auf dem Gelände der Werft. Kaum 100 Meter trennten die uesa-Hallen in Lönnewitz von der Feuerwalze, ehe die Flammen gestoppt werden konnten. Herold Quick wird nie das bedrückende Gefühl der Machtlosigkeit im Angesicht dieser Naturgewalt vergessen, doch neben dem Einsatz der Feuerwehrfrauen und -männer half die Natur, der sich drehende Wind, die Gefahr abzuwenden. *„Es war alles verraucht, aber es stand noch"*, so Quick.

Heute, 2024, erinnert kaum noch etwas an die Katastrophe – frisches Grün verdeckt die Brandspuren. Eine Fläche von etwa 800 Hektar wurde wieder aufgeforstet, in den verbliebenen Wald kehrten die Tiere zurück und leben nun ganz dicht am Industriestandort.

Gefährlicher Feuerwehreinsatz 2022, als das Feuer das uesa-Gelände bedohte

Die Löschwasserbereitstellung funktionierte glücklicherweise auch ohne das übliche Hydrantensystem. Die uesa hatte schon zu Beginn der 2000er Jahre Berechnungen über die notwendigen Löschwassermengen und die entsprechenden Entnahmestellen ausführen lassen. Aus den Brunnen, die in regelmäßigen Abständen gegraben worden waren und die Anlagen und Gebäude umgeben, konnten nun im Ernstfall Wassermengen gewonnen werden, die halfen, das Feuer einzudämmen.

Verantwortlich für die Löschwasserbereitstellung ist die Kommune, die dabei vom Land unterstützt wird. *„Wenn das nicht funktioniert hätte, wäre der Schaden noch viel größer gewesen"*, ist Joachim Friedemann vom Ingenieurbüro für Arbeitssicherheit, Brand- und Explosionsschutz in Falkenberg überzeugt. Er hatte 2006 gemeinsam mit Kramer & Plaček das Brandschutzkonzept für den Standort Lönnewitz erarbeitet und umgesetzt. So wurden unter anderem die installierten Brandmeldeanlagen direkt mit der Feuerwehr verbunden. Als externer Beauftragter für Brand-, Explosions- und Arbeitsschutz der uesa kennt er das Unternehmen gut. *„Das Arbeitsschutzmanagement ist auf einem soliden Stand, denn Geschäftsführung und Belegschaft sind sehr aufgeschlossen dafür."* In jährlichen Schulungen werden die Beschäftigten mit den gängigen Vorschriften vertraut gemacht und über Neuerungen informiert, denn mit neuen Bedingungen und Anlagen ändern sich auch die Anforderungen an den Arbeitsschutz. *„Das macht meine Arbeit nicht leichter, aber abwechslungsreicher"*, meint Friedemann.

Neubauten und Ausbauten

Mit der Einweihung der Betonkörperfertigungshalle im Sommer 2023 gelang eine zentrale Weichenstellung, die den weiteren Ausbau der angestrebten Fertigungstiefe ermöglichte. Die uesa machte sich damit unabhängiger von Zulieferungen der Betonwerke und verdoppelte darüber hinaus die Kapazität in diesem wichtigen Segment. Die Betonkörperfertigung begann in den 1990er Jahren in manufakturähnlichen Strukturen, und bisher hatte der Ausbau der Stationen durch Mitarbeiter der uesa bei den zuliefernden Betonwerken in Leipzig und Hoyerswerda stattgefunden, von wo aus die Auslieferung zu den Baustellen erfolgte. Nun werden die Betonkörper komplett in Lönnewitz ausgerüstet. Vor Ort bestehen ausreichende Lagermöglichkeiten in der Nähe der Arbeitsplätze. Weder Menschen noch Material müssen über weite Strecken transportiert werden, wodurch Kosten erheblich gesenkt werden konnten.

Die bestehende Kranbahn wurde in ihrer Länge verdoppelt, um die wachsende Menge großer Stationen transportieren und abstellen zu können. Darüber hinaus finden Montage und Endausbau nun direkt unter der erweiterten Kranbahn statt. Mehrere der begehbaren Stationen, die übrigens knapp 30 Tonnen wiegen, können so parallel von den Monteuren schlüsselfertig ausgerüstet werden. Für etwa 360.000 Euro entstand so eine großzügige Lager- und Montagefläche, auf der jetzt ungleich effektiver und kostengünstiger ausgebaut werden kann als in den Betonwerken. Selbst die Ausrüstung der großen Betonkörper, die nicht vor Ort entstehen, erfolgt nun hier.

Die Betonkörperfertigungshalle mit der erweiterten 40-Tonnen-Krananlage

In der Betonkörperfertigungshalle sind zwölf Arbeitsplätze entstanden, an denen die Arbeiter die Formen vorbereiten, mit dem angelieferten Beton ausgießen und die Rüttelvorrichtung bedienen. Die jährliche Kapazität beträgt bis zu 800 Betonkörper. Mit den zugekauften Körpern und der eigenen Produktion sieht sich die uesa gut gerüstet, dem sich vollziehenden Wandel nicht nur gewachsen zu sein, sondern vom anstehenden Ausbau der Mittelspannungsnetze erheblich profitieren zu können.

Es gibt keinen Zweifel im Unternehmen, dass hier eine Erweiterung notwendig werden wird. *„Der Ausbau der E-Mobilität führt dazu, dass es im Gleichstrombereich eine wachsende Zahl an Abnehmenden geben wird, die in hohen Spitzenzeiten Strom brauchen"*, erklärt Helmut Hoffmann und fährt fort: *„Andererseits gibt es in der Wirtschaft, aber auch aus dem privaten Bereich ein großes Interesse daran, den über Photovoltaik gewonnenen Strom ins Netz einzuspeisen. Aus unserer Sicht wird sich der Bedarf an kompakten Trafostationen in naher Zukunft verdoppeln."*

Daneben müssen die bisherigen Stationen durch neue, leistungsfähigere ersetzt werden, denn längst kann eine solche Trafostation viel mehr, als nur Spannung transformieren. Die modernen und deutlich größeren Betonkörper beinhalten nun „intelligente Stationen“, die Daten sammeln und auswerten. Tageszeitgenau wird erfasst, was eingespeist und abgerufen wird, um die Netzführung gegebenenfalls anpassen zu können.

Mit den Energielieferanten E.ON, RWE und EnBW hat die uesa GmbH deutschlandweit drei Großkunden, die in ihren Versorgungsbereichen als Energieversorger oder Industrieunternehmen ein hohes Interesse an derartigen Stationen haben – und zwar in großen Mengen. An einer eigenen Betonkörperfertigung führte schon allein aus diesem Grund kein Weg mehr vorbei.

Während der mittlere Teil der Halle in Breite und Höhe ausreichend Platz für die Betonkörperherstellung bietet und der linke Hallenteil sich als Lagerfläche für diese anbot, zog im Sommer 2023 die Mittelspannungsanlagenfertigung in den rechten Hallenteil ein. Nach einem vergleichsweise kurzen Intermezzo zogen diese Arbeitsplätze nach wenigen Monaten weiter in eine neue Produktionshalle für Mittelspannungsanlagen, die hinter der Werft entstand.

Einblicke in die Betonkörperfertigungshalle

Vorbereitung der Form zum Gießen der Betonkörper

Die neue Halle im Schatten der Werft für die Fertigung der Mittelspannungsanlagen

Eine zwei Hektar große Gewerbefläche, die sich direkt an das bisherige Gelände anschließt, ist ebenfalls schon im Besitz der uesa, die sich damit Möglichkeiten für Erweiterungsbauten offenhält und mit Angela Podwitz in engem Austausch um den Erwerb weiterer Flächen steht. *„Wir haben noch 5,3 Hektar im Gewerbegebiet im Bestand"*, meint die Prokuristin der BBG und ergänzt: *„Die angrenzenden Flächen können als Grünflächen oder Wald vermarktet werden, sobald der Rückbau der bestehenden Gebäude abgeschlossen ist."*

Nach dem Umzug konzentrieren sich die Arbeitsplätze im Mittelspannungsbereich zukünftig komplett in unmittelbarer Werftnähe und in der Betonkörperfertigungshalle entsteht wieder mehr Platz für die Produktion von Trafostationen und einen Teil des Niederspannungsverteilerbaus. Die in Lönnewitz im Bereich Niederspannung hergestellten Erzeugnisse können weitestgehend vor Ort verbaut oder von hier aus an Wettbewerber ausgeliefert werden. Am traditionellen Standort in Uebigau wäre eine derartige Erweiterung der Produktion unmöglich gewesen. Die neue Halle für die Mittelspannungsanlagen erhält zudem eine moderne Kantine und neu ausgestattete Sozialräume für die ständig wachsende Belegschaft.

Dieser Arbeitsplatz der Montage der luftisolierten MS-Anlagen zog schon in die neue Halle für Mittelspannungsanlagen

Lageplan vom Flugplatzgelände Lönnewitz
mit der 2023 in Betrieb genommenen **Betonkörperfertigungshalle 4**
und der **neuen Halle 7** hinter der Werft, 2024

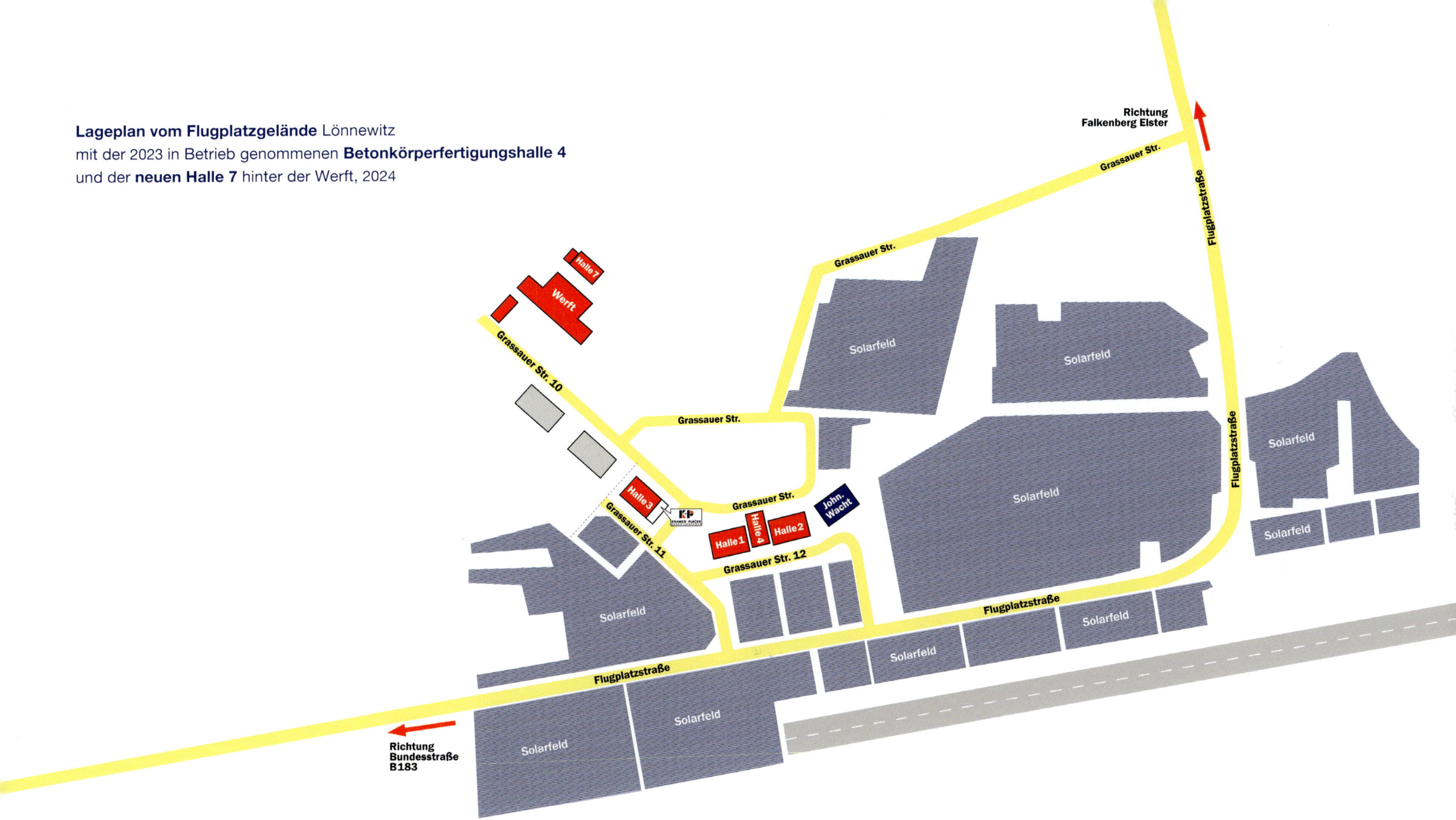

Die neu erworbene **Halle 6**

Apropos Gebäude: Zwei weitere Hallen auf einer Fläche von 40.000 Quadratmetern, die sich bisher im Eigentum eines finnischen Investors (Finprofile GmbH) befanden, wurden im Herbst 2023 von der uesa erworben und sollen als Lager und Produktionsflächen genutzt werden. Damit gibt es auf dem Gelände nach aktuellem Stand acht uesa-Hallen. Noch befinden sich die neu hinzugekommenen Gebäude nicht im „uesa-Zustand“ meint Rechtsanwalt Olaf Lehmann. Rainer Kramer und seine Mannschaft setzen jedoch alles daran, damit sich das schnell ändert. *„Die Tonnendachbinder sind ein Zeugnis der Ingenieurskunst des 20. Jahrhunderts“*, bemerkt Kramer anerkennend. Doch das feine Dachtragwerk der denkmalgeschützten Halle ist reparaturbedürftig. Nach Abschluss der Arbeiten werden sich die Hallen in den uesa-Farben präsentieren und integrieren sich dann auch optisch in die Gebäudefamilie.

Neben den **Trafostationen** werden gegenwärtig **Mittelspannungsanlagen** und **Hausanschlusskästen** hergestellt. **Seit 2016** wurden von Letzteren mehr als **800.000 Stück** ausgeliefert, nicht wenige nach Luxemburg, Österreich und Polen. Der Verkauf von Mittelspannungsanlagen nach Österreich und Norwegen umfasste **zwischen 2022 und 2023** ein Volumen von **über zwei Millionen Euro**. Bei den Trafostationen stieg die ausgelieferte Menge **zwischen 2008 und 2023** von jährlich 200 Stück auf mehr als **750 Stationen** an.

„Es kann kein Zweifel daran bestehen, dass sich Lönnewitz in den vergangenen zwei Jahrzehnten zu einem tragenden und heute wegweisenden uesa-Standort entwickelt hat“, bemerkt Dr. Jörg Nagel, der kaufmännische Geschäftsführer der uesa, anerkennend.

Das Tonnendach in der neu erworbenen **Halle 6**

Die neu erworbene **Halle 5** links im Bild mit Shelter rechts

Eine der neuen Hallen wird zukünftig den Anlagenbau aufnehmen, was Platz in Uebigau für Erweiterungen schafft. Eine Steigerung des Produktionsumfanges um 30 Prozent innerhalb eines Jahres erfordert große Investitionen, aber auch Lager- und Produktionsflächen. *„Alles, was am Standort Uebigau nicht maschinenabhängig ist, kann auf das Flugplatzgelände. Dort haben wir ausreichend Montageflächen"*, freut sich Helmut Hoffmann. Denn der Maschinenpark mit den teuren Ausrüstungen wie Pulverbeschichtung, Stanzzentrum oder Kupferverarbeitung ist in Uebigau gewachsen und kann nicht voneinander getrennt werden.

Der Standort Uebigau ist in den vergangenen Jahren stark gewachsen. Über 200 Arbeitsplätze wurden in den Bereichen Kupfer- und Blechverarbeitung, in der Oberflächenbearbeitung und den zugehörigen Strukturen sowie bei EFEN geschaffen. Eine Entwicklung, die so nicht möglich gewesen wäre, wenn die Fertigung von Trafostationen und Hausanschlusskästen, der Bau der Mittelspannungsanlagen und ein Teil der Herstellung von Niederspannungsanlagen nicht nach Lönnewitz hätten verlagert werden können. Nur so entstanden Möglichkeiten und Kapazitäten, um den Bedürfnissen der wachsenden Kundschaft Rechnung zu tragen.

Die Werft mit den beiden ehemaligen Hallen der Finprofile GmbH im Vordergrund, 2024

Lageplan vom Flugplatzgelände Lönnewitz
mit **Halle 7** für den Bau von Mittelspannungsanlagen
und den zwei neu erworbenen **Hallen 5 und 6**, 2024

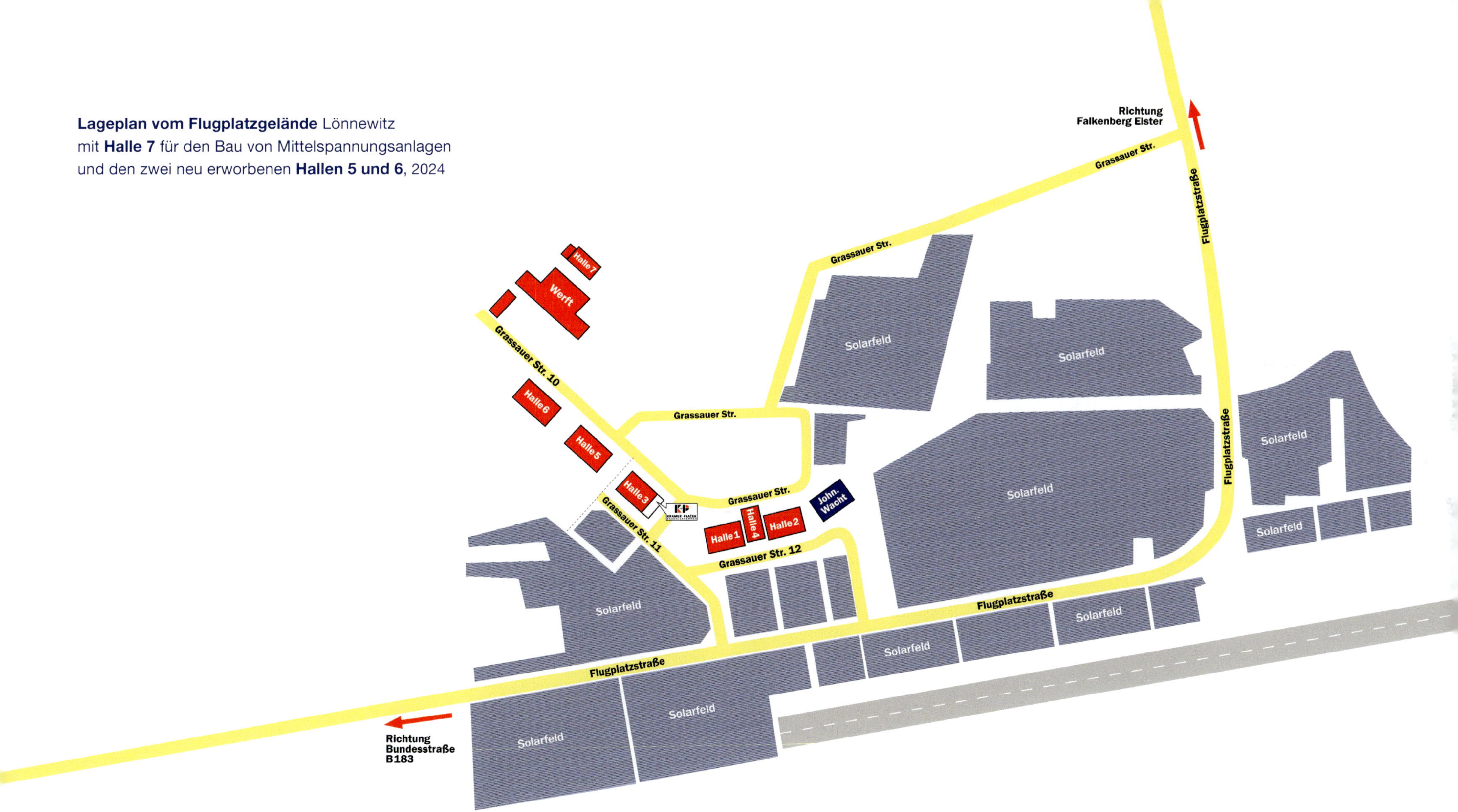

uesa

Blick in die Zukunft von Lönnewitz

Seit den ersten Hallenkäufen durch die uesa 1996 hat sich das Gesicht des ehemaligen Flugplatzgeländes entscheidend verändert. Aus einem verunreinigten und teilweise verwilderten Territorium ist ein attraktiver Gewerbestandort geworden, auf dem Menschen Zeit verbringen, Werte schaffen, Ideen entwickeln und sich miteinander austauschen. Eine Fläche, auf der Tiere und Pflanzen neue Lebensräume gefunden haben und sich vermehren und darüber hinaus ein Areal, auf dem der Notwendigkeit der Energiewende überzeugend Rechnung getragen wird.

Auf diesen Erfolgen will sich niemand ausruhen, am wenigsten Helmut Hoffmann, dem die weitere Optimierung der Flächennutzung am Herzen liegt. Noch immer gibt es ungenutzte Bereiche, wie beispielsweise gegenüber der ehemaligen Vorstartlinie, die sich für eine Überbauung mit Photovoltaikmodulen eignen. Dort wird in Kürze eine weitere Photovoltaikanlage für die Gewinnung von zwei Megawatt Energie entstehen. Der gewonnene Strom soll ausschließlich für den eigenen Bedarf verwendet werden – ein erheblicher Kostenvorteil.

uesa
EE UE 150

Mittelfristig besteht das Ziel darin, alle übrigen Restflächen so aufzuarbeiten, dass sie teilgenutzt oder der Natur zurückgegeben werden können. Für unbelastete Flächen böte sich eine gemeinsame Nutzung mit Zulieferfirmen an, etwa in Form eines Joint Ventures. „*Gegenwärtig bekommen wir manchmal täglich zwei Betonlieferungen aus Herzberg. Wenn die Betonkörperfertigung so weitergeht, würde es sich lohnen, die Betonherstellung nach Lönnewitz zu holen*“, überlegt Helmut Hoffmann. Ein gemeinsamer Mischpunkt verkürzt die Lieferzeiten für uesa und bietet dem Zulieferer die Möglichkeit, weitere fertigungsnahe Kunden zu finden. Für die uesa GmbH würde sich dadurch die Chance bieten, die Formen dank veränderter Rezeptur schneller zu entformen und mehr Betonkörper als bisher in einer Schicht zu fertigen.

Die vorhandenen Flächen in Lönnewitz bieten vielfältige Nutzungsmöglichkeiten, was der Planung im Hause uesa keine Schranken auferlegt. Gerade in Bezug auf die Lager- und Produktionsflächen hat das Unternehmen einen starken Trumpf in der Hand, neue Partner zu gewinnen, denn es gibt gegenwärtig einen erheblichen Bedarf an Lagerflächen. Energieversorgungsunternehmen kaufen heute Trafos und Mittelspannungsanlagen günstig in großen Mengen ein, verfügen aber nicht über ausreichende Kapazitäten, diese kurzfristig ans Netz zu bringen. Die aufwändigen Planungsvorbereitungen kosten Zeit, elektrotechnische Schalthandlungen müssen organisiert werden und so stellt die uesa in dieser Phase Hallen für die Komponentenlagerung und Freiflächen für die Fertigwaren zur Verfügung. Etwa 6.600 Quadratmeter in den ehemaligen Finprofil-Hallen können vermietet und die Einnahmen für weitere Flächenkäufe verwendet werden.

Das Unternehmen sieht sich heute auf einem Stand, der es ihm erlaubt, den Anforderungen der Gegenwart optimal gerecht zu werden. Die notwendige Reduzierung fossiler Brennstoffe muss zu einem Umdenken bei modernen Heizungsanlagen führen, und der Energiebedarf aus regenerativen Quellen wird sich erhöhen. Diesem Bedürfnis, wie auch den Anforderungen der wachsenden E-Mobilität, begegnet die uesa mit innovativen Lösungen. Elektroenergie ist schließlich seit Jahrzehnten ihr ausgewiesenes Spezialgebiet.

Neu entwickelte Ladestationen in Form von AC- und DC-Ladesäulen komplettieren das Angebot, wobei sich die Schnellladesäulen mit den dazugehörigen Trafostationen schon heute einen beachtlichen Marktanteil gesichert haben. Für die kommenden Jahre liegt der Fokus unter vielem anderen auf Batteriespeicheranlagen zur Netzsteuerung und -stabilisierung.

Helmut Hoffmann mit einem Mitarbeiter der Ladesäulenproduktion

uesa

In der Geschäftsleitung entstehen unablässig weitere Pläne, um zukünftig gemeinsam Themen zu bearbeiten, die den Standort und das Unternehmen weiter voranbringen. ***„Die Entwicklung ist noch lange nicht am Ende! Wir haben mit unseren Erzeugnissen beste Voraussetzungen für ein weiteres Wachsen.“*** Davon ist man im Führungsteam überzeugt.

Um am Puls der Zeit und an den Menschen des Elbe-Elster-Kreises und darüber hinaus zu bleiben, finden regelmäßig gut besuchte Veranstaltungen auf dem Gelände der uesa group in Uebigau und Lönnewitz statt. Auf den Flugplatzfesten und bei anderen Ereignissen führt häufig sogar der Chef des Hauses bei öffentlichen Führungen über das Flugplatzareal. Das Unternehmen stellt sich gern mit Vorträgen einer breiten Öffentlichkeit vor und wirbt auf den „Zukunftstagen“ und dem „Tag der Ausbildung“ für Nachwuchs, der bei der uesa hervorragende Entwicklungschancen erhält und die Zukunft des Unternehmens darstellt.

Grundlegende Säulen des Erfolgs waren und sind die gut ausgebildete und motivierte Belegschaft, eine moderne technische Ausstattung in Fertigung und Montage, die großzügigen Flächen- und Raumkapazitäten und nicht zuletzt eine gute Kommunikation nach außen. Das Zusammenspiel dieser Faktoren ermöglicht eine wirtschaftliche Entwicklung, von der die Menschen in der Region auch in den kommenden Jahren profitieren werden.

Das Führungsteam (v.li.n.re.)
Uwe Hackel, Dr. Jörg Nagel, Michael Hoffmann, Anne-Kathrin Herold, Ricardo Auge, Chris Gollasch, Udo Stolz, Heike Mohr, Daniel Nowak, Ekkehard Kohl, Helmut Hoffmann und Gerhard Dickert

Vom Militärflugplatz zum Wirtschaftsstandort in Lönnewitz

Zeitlicher Überblick

1936
Flugplatzeröffnung
in Alt-Lönnewitz
mit Grasbahn für
Sportflugzeuge

1937/38 – 1944
Flugplatzausbau
und **Einrichtung einer**
Flugzeugführerschule
der deutschen Wehrmacht
auf dem Fliegerhorst
„Alt-Lönnewitz“

ab 1943
Werksflug- und Flug-
erprobungsplatz der
ARADO-Flugzeugwerke

1947
Übernahme
des Flugplatzes
Falkenberg/
Lönnewitz
durch die
sowjetischen
Luftstreitkräfte

1959
Gründung
PGH Fequenz
in Uebigau

1972
Verstaatlichung
zum
VEB Elektro- und
Schaltanlagenbau
Uebigau

1990
Gründung
Uebigauer Elektro- und
Schaltanlagenbau |
uesa GmbH

uesa

1993
Abzug der Garnison
der russischen Westgruppe
der Truppen vom Flugplatz
Falkenberg

1996

Erwerb der **Halle 1 und 2** und eines **Teilareals** durch die **uesa GmbH**

Ausbau der **Halle 1** für **Stationsbau**

Ausbau der **Halle 2** für **Kabelverteilerherstellung**

Erwerb einer **Halle** und **Ansiedlung** der **Fa. Joh. Wacht GmbH & Co. KG**

1998

Übergabe der Gewerbegebietsstraße

Gründung des Falkenberger Fliegerclubs e.V. **„Die Falken"**

Erster ziviler Flugtag auf dem Flugplatz Lönnewitz

2008

Flächenerwerb

Erwerb der **Halle 3** für **Betonkörperfertigung** durch die **uesa GmbH**

2010

Beginn der Entwicklung eines **Solarparks**

2011

Gründung der **uesa Solar I GmbH** und der **uesa Solar II GmbH**

2012

Umwandlung der **Halle 2** zur **Stationsbauhalle**

Vom Militärflugplatz zum Wirtschaftsstandort in Lönnewitz

Zeitlicher Überblick

2013

Brandenburgischer Ausbildungspreis

Umzug des Bauunternehmens **Kramer & Plaček** nach Lönnewitz in Räume der Halle 3

2015

Anerkennung des Flugplatzes als unbefristeter **Sonderlandeplatz** der **uesa GmbH**

2016

Umzug der **Bereiche Arbeitsvorbereitung** und **Projektierung** von Uebigau zum Standort Lönnewitz

Beginn der Sanierung der ehemaligen Werft

Ausbildungs-Star

2017

Inbetriebnahme des Neubaus der **Halle 4** als **Produktions- und Lagerhalle**

Konversionssommer mit dem Kosmonauten Viktor Afanasiev in der sanierten **Werfthalle**

2018

Großer Preis des Mittelstandes – Premier

Zukunftspreis Brandenburg

2019/20

Bezug neuer Büros im **Werftgebäude**

Innovationschampion Top-Innovator

2010 | 2015 | 2018 | 2020

2021

Anschluss an das Internet
am Standort Lönnewitz

Brandenburgischer Ausbildungspreis

2022

Bedrohung durch einen **Wald- und Ackerbrand** am Standort Lönnewitz

IHK-Siegel

Exzellente Ausbildungsqualität

2023

Einweihung der **Halle 5** als **Betonkörperfertigungshalle** mit Kranbahn und Lagerflächen

2023

Neubau der **Halle 6** als **Produktionshalle** für die Fertigung von Mittelspannungsanlagen mit Kantine und Sozialräumen

2023

Erwerb der **Hallen 7** und **8** als **Produktions- und Lagerhallen**

2024

Impressum

Herausgeber
uesa GmbH Uebigau
Gewerbepark-Nord 7
04938 Uebigau-Wahrenbrück
www.uesa.de

Projektleitung
Helmut Hoffmann

Projektkoordination
Thomas Jage

Autorin
Jana Männig, Leipzig
www.jana-maennig.de

Layout · Satz · Bildbearbeitung
Katharina Strauss

Recherche · Redaktionelle Arbeit · Gesamtherstellung
Strauss Medien & Edition, Potsdam
www.strauss-medien.de

ISBN 978-3-943713-38-1

Anmerkung

Seite 57

1 Die Organisation erfolgte im Auftrag des Fördervereins Hofgestüt Bleesern e. V., gefördert vom Bundesministerium für Ernährung und Landwirtschaft im Förderprogramm BULE-Landkultur und mit Unterstützung der Landkreise Elbe-Elster, Nordsachsen und Wittenberg sowie der Städte Mühlberg/Elbe, Falkenberg/Elster, Torgau, Dommitzsch, Bad Schmiedeberg und Lutherstadt Wittenberg und zahlreicher Vereine, Einzelakteure und Ehrenamtlicher.

Bildquellen

uesa group
Seiten 2, 18, 25 re., 26, 27, 28, 29, 32–34, 37, 39, 58, 61, 64, 65, 72, 74, 77–79, 80 re., 81, 82, 83, 84, 86, 92, 93 ob. li., 96, 97, 100 re., 101, 102

Jürgen Strauss
Seiten 31, 35, 36, 38, 42, 43, 44 li., 63, 68, 71, 80 li., 81 re. u., 85, 87, 88, 93 re., 94, 99, 105, 106, 107

Katharina Strauss
Seiten 59, 62, 66, 67, 94, 95, 98, 100 li., 103, 104

Privatarchiv Rainer Jäntsch
Seiten 8, 9, 10, 11, 12 u. li., 13, 14 li., 16 u., 20, 47

U. Podbielski, Archiv Jäntsch
Seite 19

Privatarchiv Wally Groß
Seite 46

Rainer Kramer
Seiten 75, 76

Chris Mowschek, FF Uebigau
Seiten 90, 91

Bernd Rosenhahn
Seiten 41, 43 Logo Fliegerclub, 45, 49

Markus Hennen, FOKUS
Seiten 41 HG, 50, 51, 53, 54, 55, 57, 73

Militärhistorisches Museum der Bundeswehr – Flugplatz Berlin-Gatow
Seite 17

Courtesy Harold B. Lee Library, Brigham Young University
AMS M841 GSGS 4414
Seite 6

Stefan Büttner, AeroLit-Verlag
Seiten 14 re., 21, 23 re.

Jens Herbach
Seiten 15 u., 24

Rainer Sieberhein
Seite 15 ob.

www.pixabay.com
Seiten 8, 12 re. ob., 69, 89

Wikipedia-Bilder, gemeinfrei
Barry Spicer Seite 12 u. re.
Lutz Bruno Seite 25 li.
S. John Seite 30
ohne Angabe Seite 16 ob.